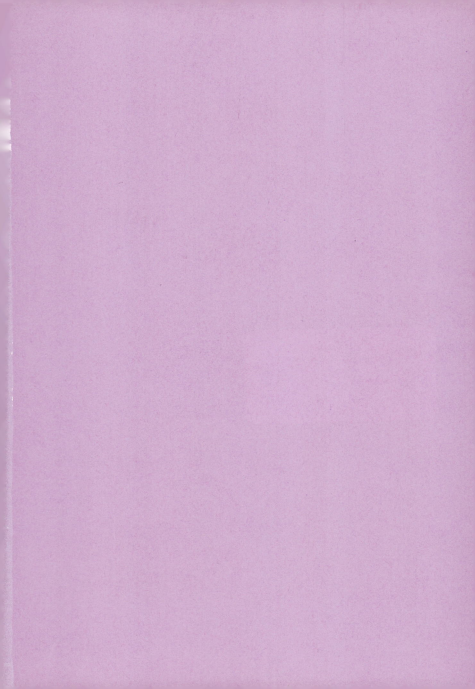

底辺キャバ嬢、アジアでナンバー1になる

カワノアユミ
Kawano Ayumi

イースト・プレス

底辺キャバ嬢、アジアでナンバー1になる

はじめに

はじめて海外のキャバクラで働いたのは高校を卒業して間もない頃だ。海外なんて旅行ですら行ったことない。なぜはじめての海外がキャバクラ勤務だったのか。それまで、日本を出ることにすら興味なかったのに。

だが、この時の経験は後に自分の人生を大きく左右することになる。もしかして私はその時から、そういう道を歩む運命だったのかもしれない。

どちらかというと過保護な親元で育った幼少期。18になったと同時に家を出た私は、中華料理屋でアルバイトをはじめるも、「ダルい」「休みが少ない」と長続きしなかった。結局、ラクしたい一心で水商売の世界に飛び込むことになるのだが、結局それも私のダメ人間の部分が発動して、ナンバー1なんて夢のまた夢の中途半端な「底辺キャバ嬢」としてくすぶっていた。

その後、香港ではじめての海外キャバクラ体験を経た20代。遊び盛りだった私は、1年のほとんどを歌舞伎町と六本木で過ごしていた。クラブやホスト通いなど、大半の遊びはし尽くしたつもりだが、いくら遊んでもどこか物足りなさを感じていた。夜な夜な遊び歩く生活に？　いや、自分の人生に？

もしかすると、はじめて海外キャバクラで働いたときに「どうせなら、この世のすべてを見てやろう」と思ったのかもしれない。そんな好奇心が私をアジアへと駆り立てる原動力となった。今のライターという仕事や海外を放浪しながらの生活。これらはすべて繋がっているといってもいいほど、海外キャバクラで得た経験は大きい。

そんな私の9か月におよぶアジア（タイ、香港、シンガポール、カンボジア、ベトナム）のキャバクラ潜入&夜遊び体験をまとめたのが本書である。実際は「ダメ人間の人生と、カオスな仲間たち」程度に読んでくれると嬉しいです。

ちょっと怪しく、ちょっと笑える、海外キャバクラ嬢の生活をお楽しみください。

カワノアユミ

第1章 香港のキャバクラに売られる

香港の寮のリビングでチハルと。部屋はこのままの状態で10日間が過ぎていった。

やる気のないキャバ嬢

アメリカで大々的なテロが起きて、世界中が混乱に見舞われたのと同じ年、NYから10830キロ離れた東京・六本木の狭いマンションの一室。ひとりのキャバ嬢がこの世の混沌をすべて引き受けたかのような表情で、頭を抱えてつぶやいていた。

「ない、ない、ない、ない!!」

アル中? メンヘラ? 触れちゃいけない病気?

そうじゃない、慢性的な病気だった。そう、私は金欠病にかかっていたのだ。他人様からすればまったく興味ないだろうが、私にとっては重要な問題。世界で何が起きていようと、当時の私は自分とその周りがすべてだった。私にとって金欠は、世界が滅んでしまうぐらい重大な危機だったのだ。

さすがの私でも計算くらいはできる。自宅のベッドの上で、財布の中身をぶちまけた。

「ぜんぜん……足りないし!」

何度数えても今月の生活費が足りないのだ。

「これは家賃、こっちは携帯代、服も欲しいし、ホストはガマンすれば……でも、どうやっても、今週のイベに行く金が足りないじゃん！」

どうしてこうなった。落ち着いて考えよう。

私は前月から、歌舞伎町のキャバクラで働きはじめた。今週末はその給料で幕張メッセのトランスイベント（※）に行くはずだった。だが、目の前にはトランスどころか生活費まで危ぶまれるほどわずかな現金しかないではないか。なぜ、こんなに金がないんだ？

その理由は当時の社会情勢が大きく影響している……というわけではなく、若かったのだ。

キャバ嬢の身分はピラミッド状。稼げるキャバ嬢こそが頂点にいて、稼げないキャバ嬢なんて、ピラミッドの土台にもならない。役立たずのド底辺扱い。そんな「底辺キャバ嬢」であることを自覚したのは、六本木にあるファストフード店だった。

「だったら絶対ＡＶが稼げるよ！」

「……ああ、グラム３だ」

「今日ベルファァ行く？　アレ、どーする？」

スカウトマン、キャバ嬢、売人、ジャンキー……六本木の華やかなイメージとは程遠い、この世の悪い部分をギュッと集めたようなこの店で、私はアイスティーを飲んでいた。

「こんなこと言いたくないんだけど……ぶっちゃけ、お前に紹介できる店はもうないんだよ」

(※) **トランスイベント**　2000年代初期に流行していたエレクトロニック・ダンスミュージック系のイベント。クラブだけでなく幕張メッセやディファ有明などの大型ホールでも行われており、私たちは毎週のように行っていた。

「そこを何とか……お願いします……！」

アイスティーを一気に飲み干し、目の前でタバコをふかす男に懇願する。

「次こそは、本当に、必ず真面目に働くから！」

吸っていたタバコを消した男の名はタッくん。顔と髪型はディズニー映画「ターザン」の主人公にソックリなこの男は、六本木のスカウトマンだ。

タッくんと出会ったのは、私が18歳のとき。進学も就職もせず、親元を飛び出した私は、クラブが近いという理由だけで、六本木で一人暮らしをはじめた。だが、貯金も仕事もない状態で生きていけるほど、世の中は甘くない。それでも、できるだけユルく暮らしたい私は、「いざとなれば夜働けばいいじゃん」と、根拠のない自信だけは持っていた。まあ、家を出るときから、そんな予定ではあったような気もするが、結局、水商売の世界に飛び込むことになったのだ。

とはいえ、世間知らずな私に店の探し方などわかるわけもなく、コンビニで「フロム・エー」を買って、条件が良さそうと思える店に次々と電話した。

「時給5000円以上！」

「1日3時間からOK！」

掲載条件を鵜呑みにした私を待っていたのは、大人の裏事情。

「実は、うちはセクキャバでして……」

「未経験は時給２５００円からだけど大丈夫？」

百歩譲って、時給が違うのは許そう。だが、セクキャバってなんだ!?

「うわぁ、嘘求人ってこわーい」

今なら、これくらいの冗談も軽く言えるかもしれない。しかし、まだ18歳だった私の心はポキッと折れた。

みんな、どうやって店を探しているんだろう？　完全に行き詰まった。……ん？　よく考えれば、遊び仲間には10代のくせに水商売歴が年単位のヤツらがいっぱいいる。そいつらに紹介してもらえばいいんじゃない？

当時使っていたパカ式の携帯電話（※）に入っている友だちを探しまくり、年下だが水商売歴2年の友人に電話した。

「スカウトマン使えばいいじゃん。紹介するよ」

答えはあっさりと返ってきた。なるほど、スカウトマンね。そういや使ったことないかも……

こうして紹介されたのがタッくんである。

あとから聞いた話だが、六本木で待ち合わせをした私を見てタッくんは衝撃を受けたという。未来のナンバー１キャバ嬢候補が現れたのかと思ったのだろうか？

「バカか！　むしろ頭抱えたわ！」


（※）パカ式の携帯電話　二つ折りのガラケー。私が使っていたのは世界初のSG対応のdocomoN2001。

というのも、髪はド金髪。肌は週2の日サロ通いで真っ黒。目の周りを黒と白で塗りたくったメイク。いわゆるギャル、それも当時流行っていたヤマンバギャル（通称マンバ）に片足突っ込むレベル。タッくんのプッシュで送り込まれたキャバクラの面接では、きまって「その化粧、もう少しどうにかできない？」と言われた。そんなもん、直せるものならとっくに直してる。だが一度、濃くしてしまったメイクはそう簡単に薄くできるもんじゃない。

しかし、そこは「自称・六本木のカリスマ・スカウトマン」である。私のような小汚いギャルだろうが働ける店を探すのは、まさにお手の物のはず。そのタッくんが、「紹介できる店はない」と決別宣言をしてくるということは……私には死刑宣告と同じ！

ファストフード店内で私は、裁判官に訴えかける敏腕弁護士よりも早く「異議申し立て」をした。

「ちょっと、タッくん落ち着こうよ。私に次がないってどういうことよ？」

「無理っしょ。マジで。だってお前、どこの店入っても続かないし」

「でも、タッくんが1か月働けば次の店を紹介してくれるって言ったじゃん」

「今は状況が違うの。あと、その化粧と髪だと六本木では難しい！」

タッくんが呆れるのは無理もない。いくら言い繕ったところで、結局は当時の私にやる気の欠片もなかったことが原因なのだ。

特別に店が厳しいわけでもないのに入って3日目には「辞めたい…」と音を上げる。客がイヤ、ノルマが厳しい、他のキャストと合わない、日払いでもらえる金額が少ない……理由はあれこれ並べ立てるが、実際のところそもそもやる気がないのだ。もっと言ってしまうと仕事は適当にやって、後はずっと遊んでいたいと考えているクズ人間。

キャバ嬢にとっていちばん稼ぎ時といわれる週末は必ずクラブにいた。そのために六本木に住んだくらいだし。他にも飲み会、学パー（※）……と、この頃の私は24時間すべてを酒とクラブと男に費やしていた。

そんなやる気のなさゆえ、同じ店で1か月間働くのが限界だった。

ちなみにキャバクラの給与形態というのは少々特殊。入店すると1か月間は時給が保証される。だが、優遇されるのはそこまで。その期間を過ぎると指名本数によって時給が変わる仕組みになっている。客を呼んでいれば時給は継続かアップ。呼べなければ、下がるかクビ。そして、私はクビを喰らいまくってきたというわけだ。

２００１年当時、六本木の最低保証時給は５０００円。見た目が悪かろうが客がゼロだろうがこの金額だった。だが、私の勤務態度はひどかった。客を呼ばないのはもちろん、待機中に寝る、私用電話、ヒマさえあれば裏でタバコ。しまいには接客中にチャーム（客用の菓子）の豆を食べ

（※）**学パー**　大学生がクラブで行う学生パーティーの略。未成年も参加するので酒が出ないため、特に面白いというわけではない。目的は、主催者のプリクラが載っているパンフレットからイケメンを見つけて紹介してもらうことだった。

まくり、先輩ホステスに「あの子、豆ばっか食ってんのよ！」とチクられる始末。これでクビにならないわけがない。

だが、どんなに豆を食ってようが最低限の結果が出る1か月間は働ける。1か月働きさえすれば、担当のスカウトマンに報酬が入るシステム（スカウトバック）になっているのだ。キャバクラなど無数にある六本木で、たとえクビになっても次の店を紹介してもらって1か月働けば、タッくんに報酬は入る。お互いｗｉｎ－ｗｉｎの関係だったはず。なのに、そのオイシイ関係を終わらそうとしてくる、タッくんの真意を問いたださないとおさまりがつかない。

「だから、事情が変わったんだよ」

「なに？　説明しなよ」

「あ～うっせえな。いまは流行りが違うんだよ。お前みたいなギャルは流行らないの！」

2001年当時、世間はキャバクラブームだった。後に雑誌「小悪魔ａｇｅｈａ」のモデルとなるキャバ嬢たちがメディアに少しずつ出はじめた頃だった。そこから、歌舞伎町にキャバクラが次々とオープンしたのだ。

私が働いていた六本木は、高級クラブかギャルでも働ける安キャバがあったのだが、キャバクラブームによりギャルキャバは減少。代わりに高給クラブよりも少し敷居の低いニュークラブが一斉にオープンした。

ホステスのレベルが高いニュークラブで、やる気ゼロ、客ゼロ、見た目ギャルの私は当然門前払いとなった。

内心、時代に取り残されていると焦りながらも表情ひとつ変えることなく、「タッくん、なんとかして〜」という他力本願を貫く私に彼も呆れ顔。

「……俺にできることは、これが最後だ」

覚悟のほどが伝わったのかどうかわからないが、タッくんはカッコイイ台詞を吐きながら、携帯を取り出し誰かと話しはじめた。

「これから面接に行けるようにしたから。今度は辞めないでちゃんと続けろよ」

そう言い残したタッくんが最後に紹介した店。それが今いる歌舞伎町のキャバクラである。自宅のある六本木からは遠くなったが、オープンしたての店で時給５０００円の３か月保証。さすがタッくん、愛してる！　のはずだったんだけど……。

「ビビるほどヒマ……」

歌舞伎町、入店３日目にして気がついた。

店があまりにもヒマすぎる。オープンしたばかりなので仕方ないのかもしれないけど、それにしても……。店の営業時間は20時から深夜2時。6時間働けば日給3万円はもらえるはずだった。

だが、ヒマすぎるせいか早上がりさせられることがめちゃくちゃ多い。

「今日はヒマだから、もう上がっていいよ」

深夜0時、女の子が10人くらい一斉に席を立った。このように早い日は終電前に上がらされる。

これじゃ全然稼げないだろうがーッ!!

ちなみに日払いは1日8000円もらえるのだが、歌舞伎町という街は誘惑も知り合いも多い。

「カラオケでも行く〜?」

「ホスト初回でしょ!」

同じように早上がりさせられたヒマな友人を捕まえて、ついついカラオケやホストクラブに行ってしまうのだ。金が底を尽くのは火を見るより明らか。さらにタクシー代もかかるので、六本木で働いていたときの数分の1しか稼げなかった。

こうして、財布をヒックリ返しても出てこない金を思いつつ、底辺キャバ嬢の自覚を強くしていったのである。

救いようのないことに私は、それでもなんとかなると思っていた。根拠のない自信だけではなく、いざとなったら助けてくれるライフラインが存在していたからだ。

「まぁイイや。ケンちゃんにたかろう」

底辺キャバ嬢生活はカツカツだったが、プライベートはそこそこ充実していた。付き合って2か月になる彼氏のケンちゃん（＝ライフライン）とは学生パーティーで出会った。男友だちのツレでもあるケンちゃんは、イベサー人（※）のスカウトマンだ。

「ケンちゃんありがとう、ゴチなります♪」

今月ピンチなのを伝えて、ケンちゃんにたかる。叙々苑とまではいかないが、焼肉屋に連れて行ってくれたり、居酒屋だったり、とにかく胃袋を満たすサポートは完璧。とはいえ、やはり彼氏とばかり遊んでいるわけでもないので、ふたたび金欠の心配がもたげてくる。どうしようかと思うが、目の前にちょうどいい相手がいるではないか。「使えるものは彼氏（しかもスカウトだし、親身になってくれるはずだし）ですら使おう」精神である。

「ケンちゃん、どこか店紹介してよ。今の店、早上がり多いんだけど！」

「3か月5000円なんだからいいだろ。それに年末前だからどこもヒマだよ」

たしかに3か月間、時給5000円もらえるのはオイシイ。だが、保証期間も残り1か月半。問題はその先だ。歌舞伎町の店では次につながる太い客を捕まえることもできそうにないし、そもそもそんな気が私にはない。それなのにケンちゃんは店を紹介する気はなさそうだし、頼んでもアテにはならなそう。私にやる気がないのがバレてるな。

（※）**イベサー人**　イベントサークル人の略。本来はクラブで学生パーティーなどを行う、セックスしか頭にない大学生のサークル活動のこと。当時は学生じゃなくても、18～22歳くらいの年齢であればイベサーに所属できた。

美味しいアルバイト？

冬も目前のある日、それは突然やってきた。

「お前、香港のキャバクラ行かね？」

……ハァ？

「今度、香港に日本人キャバクラがオープンするんだって」

「？？？」

話を飲み込めなない私を無視して、ケンちゃんは話を続ける。

「女の子なら誰でもいいらしいし、10日間だけでOKだから」

話はこうだ。12月に香港初の日本人キャバクラがオープンする。オーナーは日本人で、客も日本人か日本語を話せる外国人限定だそうだ。その店のオープニングメンバーを集めなければいけないのだが、なかなか見つからない。そこで私に10日間限定で働けと言うのだ。

「話はわかったけど、どうして私なの？　あと、パスポート持ってない」

「パスポートは明日にでも取りに行け（笑）。パスポート代くらいは会社で負担してくれるから。それにお前、今の店の保証期間も来月で終わりだろ？」

たしかに保証期間が終わったら、次に働くアテはない。

「うっ……香港の給料は？」

「日給３万円、10日間で30万。悪い話じゃないだろ⁉」

日給３万⁉　むしろ、良すぎて怪しい気もする。それにパスポート代を出してくれるっていうのもな〜。だが、ほかに選択肢はないのもわかっている。だけどな〜。

少し考えていると、「お願い！」という目でケンちゃんが懇願してきた。この男がこの目をするのは、自分にメリットがあるときだ。おそらくスカウトバックがかなり良いと見た。それなら、こっちの条件も飲んでもらおう。

「行ってもいいよ！」

「マジ！　じゃあ、明日すぐにパスポートだな」

「その代わり……」

「？」

「クリスマスにクロムハーツ（※）のネックレス買ってよ♡　どうせ、スカウトバックからしたら安いもんでしょ？」

「うっ……」

ビンゴ！　こちとら金の匂いには敏感なのだ。


（※）**クロムハーツ**　言わずと知れたシルバーアクセサリーブランド。当時のギャル男は、クロムハーツかインディアンジュエリーのゴローズのアクセを持っていることがステータスだった。私が欲しかったのは「フレームドチャームシリーズ」のネックレスで定価３〜５万円ほど。

「あ〜わかったよ。まあいいや。お前が帰るまでに用意しとくから！」

聞くと、帰国日は12月24日らしい。それなら、こっちも彼女としてプレゼントを用意するつもりはあった。

「ひとりってのも寂しいから、友だち誘ってもいいよね？」

「もちろんいいよ！」

友だちを誘えば、ケンちゃんのスカウトバックも2倍になるだろう。

ケンちゃんと別れた後、さっそく友人に電話をかけた。

「もしもし？　久しぶり〜」


友人のマナミとはクラブで知り合った。普段は千葉の山奥に住んでいるマナミは、実家暮らしニートのくせにバックパッカーでタイへ旅したりと、とにかくヒマを持て余している。

「何それ、面白そう。絶対行く‼」

案の定、マナミは乗ってきた。チョロい。チョロすぎる。こうして彼氏へのこころばかりのプレゼントも用意できたところで……、いや、それよりも、友だちが一緒になったことで異国で孤独に震える心配はなさそうだ。安心安心。


とにかくはじめての海外労働にも関わらず、大した準備もすることなく出発まで過ごすことになった。だが、次の衝撃は1週間後に訪れた。

その日、ケンちゃんから香港のキャバクラの面接をすると言われた私は、池袋の駅前で待ち合わせたマナミを見た瞬間、絶句した。

「ヒッピーかよ……」

「なんか言った？」

「いえ、別に」

細かい三つ編みを何十本も編みこんだブレーズヘアーに、ボロボロのモッズコート。だが足元だけは15センチの厚底。これから面接をするのに不安しかない……。

面接は雑居ビルの一室で行われた。今回の仕事はケンちゃんの上司が担当らしく、面接も上司が対応した。

「香港のキャバクラのオープニングメンバーは4人で行ってもらいます。他のふたりとは出発日に待ち合わせてください」

「了解でーす」

「香港では店の寮に入ってもらいます。寮費は無料なので安心してね」

「了解でーす」

「香港に着いたら、空港に店のマネジャーが迎えにきます」

「了解でーす」

「あと、店にはお触りができる個室があります。そこに入ったらチップをもらってください」

……ん？

「これで面接を終わります」

「ちょっと待て！」

最後、なんかおかしなこと言ってなかった？

「ん？　個室？　嫌だったら入らなくていいですよ」

こっちの気持ちをアッサリ見抜かれて、面接は終了した。なんか納得いかないなぁ。

その後、歌舞伎町の店に出勤し、退店することを伝えた。店長は「年末で人足りないのに!?」という顔をしていた。そりゃそうっすよね。だが、私の頭の中には30万円とクロムハーツしかなかった。

タッくん、せっかく紹介してくれたのにスマン！

こうして、私は香港のキャバクラで働くことになったのだ。

いざ、香港キャバクラ！

香港へ行く当日。羽田空港へ向かうため、浜松町でマナミと待ち合わせした。ビジネスマンの多い朝の浜松町駅。そのなかで千葉の山奥からまんま出てきたような服装のマナミと、「香港といえばコレだろ！」と新宿アルタで買った真っ赤なミニのチャイナドレスの私。

うん、いろいろおかしい。しかも、初海外だというのに、ふたりともボストンバッグひとつしか持っていない。

それにしても一緒に行くはずの子たちがなかなか来ない。

しばらく待っていると、「あれは違うだろ」っていうふたり組が見えた。

「まさか……アレ？」

「なに？」

頭頂部がプリンになった金髪、プーマの白ジャージ、サンダルはナイキ……。もうひとりは髪を巻いて前髪はちょんまげ。まんまヤンキー!!

「遅れてすみません！」

「はじめまして！」

私の心配をヨソに、ヤンキーふたり組は近づいて挨拶をしてきた。意外な礼儀の正しさに面食らう。

「チハルと言います。こっちは友だちのアヤです。夜露死苦」

金髪が口を開く。挨拶は「チョリース！」ではなかったが、見たまんまのヤンキー娘のようだ。ふたりは18歳で、地元の友だちだという。

「地元ってどこ？」

「足立区っス！」

足立区ヤンキー2名にギャルとヒッピー。香港のキャバクラのオーナーも先が思いやられるな……。不安を抱きながら、飛行機は羽田を飛び立った。

この時の心境はあまり覚えていない。人生初の海外が香港のキャバクラってなかなか面白いじゃん、とは思ったのかもしれないけど。別に特別な感慨はなかった。もしかしたら、あったのかもしれないが、それは若さゆえの「なんとかなる精神」で、かき消されたのかもしれない。


さて、香港に着くと、色白で小太りの男がネームボードを持って立っていた。

「ハジメマシテ。トムデス」

マネジャーのトムは30歳で、カタコトだが日本語は話せるらしい。

トムに付いて行き、地下鉄から2階建てのバスに乗る。はじめて見る香港の街はゴチャゴチャしている。高い建物やデパートはあるものの、ほとんどの店が小さな商店だった。

1997年にイギリスから返還された香港だが、イギリスの雰囲気はあまり感じなかった。道端やバス、バスから見えるマンションからわかる人の多さ。すべてが混沌としていた。そのなかでチャイナドレスの私。うん、完全に浮いている。

バスはやがて、香港島へと入っていった。香港は香港島、九龍《クーロン》、新界という3つのエリアで構成されている。働くのは、香港島の北側にある銅鑼湾《コーズウェイベイ》。香港の主要商業地のひとつでタイムズスクエアをはじめ、多くのデパートやブランドショップが並んでいる。

まず連れてこられたのは、薬局が併設した大型のスーパーマーケットだった。ここで、滞在中の生活用品を揃えろという。

「水道水、飲めないし顔洗えない。買ったほうがイイ」

トムが説明する。顔洗えないし飲めない水道水って何に使うんだよ、と思いつつタンクに入った水を買った。他にはコンタクトの洗浄液や食事。初海外で何が美味いかもわからない。日本のカップラーメンやスナック菓子をドンキで買うかのようにカゴに入れてレジに行ったら驚いた。エラく高くついてしまったのだ。どうやら、外国では日本製品は高いらしい。この程度のことに随分と高い授業料を支払ってしまった。

しかし、この仕事が終われば私も金の苦労からはしばらく離れることができるし、クロムハーツだし。多少、財布の紐がゆるくなってもいいよね？

買い物が終わると寮へ向かった。寮は銅鑼湾の隣駅、湾仔《ワンチャイ》にあるという。10階ほどのアパートの一室、２ＬＤＫの各部屋には2段ベッドが置かれていた。外国のアパートっていうからどんなのがくるかと思ったら、イメージしていたよりも断然キレイだった。

だが、洗面所の水道から出る黄ばんだ水を見て、私は卒倒しそうになった。トムが顔を洗えないと言うのも無理はない。ちなみにトイレの水はほぼ茶色だった。

部屋は私とマナミが同部屋となった。

「店ハ明日カラナノデ、今日ハ休ンデクダサイ」

トムはそう言って帰っていったが、飛行機で爆睡したので眠れるわけがなかった。そうなるとはじまるのは飲み会である。

「え、アユミさん彼氏いるんスか？」

女４人集まると会話は当然、恋バナだ。

「彼氏置いて、香港来て大丈夫なんですか⁉」

いや、彼氏に行けって言われたんだけど……。

「彼氏に香港行けって言われるなんて、私なら絶対イヤ〜！」

ヤンキー娘といはいえ、自分の男に弱いらしい。あと、足立区の「地元ラブ」的なことを力説していた。ムダに彼女らのことを知ることができたが、私はほとんど聞いてなかった。一切実りのない飲み会は朝まで続いた。

酒も深くなると、「本当にここは香港なのか？」とすら思えてくる。きっと、他の3人も同じことを考えていたのだろう。翌日からの仕事に対して、誰ひとり不安は感じてなさそうに思えた。

若いってスゴイ！

一晩10万円の日本人

翌日、迎えに来たトムに連れられて店に出勤した。

「おお……」

ビルの最上階のフロアを丸々使った店内。壁一面はガラス張りで、香港の夜景が一望できる。窓からの景色は高級ホテルのラウンジ並み。……それに比べて店内は殺風景。40坪以上はありそうな店内に、テーブルはたったの5卓。壁を伝うむき出しの配線、天井に見える組み木。一見、コンクリート打ちっぱなしのデザインのようだが、明らかに違う。

そして店の隅には、スケスケのパーテーションで仕切られた2畳ほどの空間。中にはふたり掛けのソファーが置いてあった。

「これ、お触りの個室じゃない？」

「個室っていうより仕切りじゃん（笑）」

「うわー、絶対入りたくない」

私たちが心配した個室に入る客はいなかった。というか、オープン初日なのに客が来なかった。

「ヒマだな……」

20時からオープンして、かれこれ2時間くらい待機している。さすがのママも焦っているのか、必死に営業電話を掛けていた。

ママは日本人だが、背が低くて色白で美人な中国人にも見える。しいて言うなら、当時人気だったM字開脚するインリン・オブ・ジョイトイという女性タレントに似ている。

年齢はトムより年上と言っていたのでおそらく30代、香港に来る前は銀座の高級クラブで働いていたらしい。

ちなみに、キャストである私たちは全員、自分のバッグとパスポートを常に持っている。もし警察が来た時は、飲みに来ている客のフリをするように指示されていた。真意は謎だが、なんかニオう。

「イラッシャイマセー!!」

オープンから2時間経って、やっと客が入ってきた。

「はじめましてー、アユミです」

「え、なんでチャイナドレス？」

それを聞くな。私も、やっちまったと思ってんだよ！　そのあたりはあまり突っ込まないのが器の大きさ、というか、社会的地位の高さになるかなと思う。3人組の客のうち、ふたりは日本人で、残りひとりは香港人。どっちも大手電機メーカーの重役サンだという。意外と金持ちの客も来るもんだ。

「君たち、全員日本人なの？　すごいね！」

「はい、普段は六本木に住んでます」

「私は足立区です」

「私は千葉の……」

「へぇ～じゃあ、日本に戻ることもあるのかな？」

いやいや、オジサン。こっちが気になるのは帰国日じゃない。その前にもっと面白いこと言いかけたでしょ。「日本人がすごい」ってどういうことよ？

「日本人の女のコはね、香港ですごく価値があるんだよ！」

「そうなんですか？」

「この辺で働いてる売春婦は、中国人か東南アジア系しかいないからね」

「日本人の何がそんなに良いんですか？」

「ジャパニーズウーマン、オクユカシイ。ヤマトナデシコ、ネ」

今まで黙っていた香港人が急に口を開く。日本人がオクユカシイって？　いま話してるのは小汚いギャルとヤンキーとヒッピーだけど……。

「価値があるって、どれくらいなんですか？」

チハルが食いつく。

「一晩10万円以上出すって人もいっぱいいるよ！　良かったら金持ちの香港人紹介しようか？ガハハ」

「それ、絶対マージンとる気でしょ〜」

「もらっちゃうよ。俺らはしがないサラリーマンだからね」

和やかに流れたテーブルトークで図らずも知った日本人の価値（当時）。でも、うちらレベルでも10万って……どうりでここの日給も良いはずだ。店のセット料金は座ってひとり約3万円。うちらレベルのキャストしかいないのに、高級クラブ並み。

働いてわかったことだが、香港のキャバクラは価格以外は日本とそんな変わらなかった。だが、客は金持ちばかりで歌舞伎町のように輩《やから》は来ない。日本人が珍しいのか「お触り個室」に入らなくてもチップをくれる客もいた。手持ちの現金をあまり持って来ていなかったが、チップだけで生活ができるほどだった。

そして何よりも店がヒマなのがよい。1日3組ほどしか来ないのだ。

……香港キャバクラ、意外と楽勝じゃない？

足立区のヤンキー娘、ブチギレる

海外の生活も3日経てば慣れる。店では相変わらず適当に飲んで過ごし、仕事後はコンビニ弁当。店と寮だけの往復生活。不貞腐《ふてくさ》れたとまではいかないが、完全に沈没気味のベテランバックパッカーのようなオーラを放つ私たちをさすがに見兼ねたのか、店が休みの日曜日、トムが香港の街を案内すると言い出した。

「ふたりで行って来てくださいよ」

風邪っぽいと言うヤンキー娘ふたりを残し、私とマナミだけが出かけることとなった。

まず、やって来たのは旺角《モンコック》エリアにある女人街。名前の由来は「女性物を扱う市場」という意味で、100メートルほどの道の露店には、化粧品や服や雑貨といった商品が格安で並んでいる香港でも人気の観光市場だ。

「このサングラス買っちゃお〜」

中国マフィアのようなダサいサングラスをお買い上げ。旅行者がやりがちのテンションだけの買い物もまぁまぁ楽しい。

「次、夜景に行きまショウ」

トムに言われるがままに向かったのはヴィクトリア・ピーク。山の上にある展望台で、市内からはトラムで行くことができる。

「おおお！　これが100万ドルの夜景!!」

携帯のカメラ機能もない時代。使い捨てカメラで写真を撮りまくる。後で現像してみると、ブレブレのよくわからない光が写っているだけだった。

今では世界各地の夜景スポットで使われる「100万ドルの夜景」という言葉だが、本家はこの香港の夜景だという。なお、この言葉の由来は、昭和20年代に六甲山の山頂から見下ろした神戸の街の電気代を指したものだと言われている。ちなみにこれ以降にも、香港を訪れた際にヴィクトリア・ピークに行ってみたが、霧で見られなかった。私が夜景を見たのは、この1回きりだ。

「次は、ご飯デス」

トムが連れてきてくれたのは、鳩の丸焼きが食べられるレストラン。

「鳩かよ！」

「尾頭つきです」

「日本語合ってるのがなんかムカつく」

頭が付いているので見た目はちょっとグロい。だが、ビビったら負け。恐る恐る食べてみると、薄い塩味で羽はパリパリとしていた。はじめて食べたけど、意外と美味いんもんだな。ボリュームがあるように見えたが、骨が多いのか食べられる部分は少ないらしい。あっという間に平らげた。

「香港に鳩がいないのは、みんな食べちゃうかららしいよ……」

隣でマナミがつぶやく。たしかに街中に鳩は少ない。そう思うと少しテンションが下がった。

その後、カラオケに行って寮に帰ると、隣の部屋からものすごい怒鳴り声が聞こえてきた。

「テメェふざけんなよ!!　それでノコノコやられて帰ってきたのかよ!!」

チハルが電話越しで超キレている。

「わかった、アタシ明日帰る！　明日まで待って！」

もしかして日本に電話してる？　電話代いくらかかるんだよ。ちなみに携帯電話は、トムからあらかじめ支給されていた。請求、店が払ってくれるのかな。プリペイド式とかだったらいいけど。などと要らぬ心配をしていると、ふたたび電話で話す声が聞こえてきた。

「そうなんすよ、だから明日帰ってイイすか？　え、お願いっス。ツレがヤラれたんスよ‼」

しばらくすると話し声が止んだ。そっと部屋を覗いてみると、そこには鬼の形相のチハルがいた。

「どうしたの？」

「地元のツレが江戸川の連中にボコられたんすよ！　マジで許せねェ‼」

「え、それで明日帰るって言ってたの？」

「そうっすよ、トムに聞いたら急に言われてもチケットがないとか言われましたよ！　アイツ信じられないでしょ⁉」

いや、信じられないのは君のほうだ。

「マジ、帰ったらすぐ江戸川、殴り込み行きますわ」

ヒーッ！　中学生！

思わず吹き出しそうになった私は、バレる前に部屋に戻った。

翌日、チハルとアヤは宣言通り、トムにチケットの手配を強引にさせると、荷物をまとめて江戸川区へ向かって行った。

楽勝で帰国、それから

チハルたちが威勢よく江戸川へ乗り込むことができたのは、すでに勤務最終日をむかえていたこともある。さすがに契約期間内でバックレたら彼女たちが制裁でも受けかねない。怖い怖い。

しかし、最後の日にひと悶着あった。

「皆サン、お疲れサマデシタ」

最後の営業後、トムが有名な海鮮レストランに連れて行ってくれた。

「お疲れさまです！　といっても特に何もしてないけど（笑）」

この10日間、店もヒマだったこともあり全然働いた気がしない。客がゼロの時なんて寝てたぐらいだし。

「飛行機は明後日の夕方だよね？　帰る前に買い物したーい」

「私もヴィトン行きたい！」

香港のクリスマスは、デパートやブランドショップが一斉にセールを行う。明日もらう給料の半分はショッピングで使う予定だ。

翌日、トムが給料を渡しにきた。

「日本円で入ッテマスカラ」

お、気が利くね。さっそく給料袋を開ける。30万、30万～♪

「1、2、3……15枚!!」

「えっ?」

「あれ、数え間違えたかな?」

「いくらなんでも30万と15万は数え間違えないでしょ」

「1枚、2枚……」

あれ?

「15枚しか入ってなくない?」

「本当だ。15枚しか入ってない」

横を見ると、チハルがまたもや鬼の形相になっていた。

「ママに電話しよう」

電話をかけると、ママはすぐに出た。

「もしもし? 給料が半分しか入ってないんですけど、どういうことですか?」

私も思わず聞き耳を立てる。

「店がヒマだったので、当初のお給料は払えません」

ハァ？

だが、私よりも先にチハルがキレていた。

「オイ！　こっちは30万もらえる話でわざわざ来たんだよ！　払わないなら、スカウト会社に連絡して今後一切店に紹介しなくてもいいんだぞ!?」

チハルにその権限があるのかは置いといて、足立区のヤンキーが本領発揮した。

「私もお金ないと困るんです！　こんなの酷くないですか？」

今度はマナミが泣き落としに入った。もはや、取り立てである。

しかし、ふたりがキレてくれているから、私はただの傍観者である。

揉めに揉めた30分後、

「わかりました。残りの給料をトムに持っていかせます……」

堪忍したようなママの声が電話口から聞こえた。

「よっしゃー!!」

ガッツポーズ。しばらくするとトムが戻って来て、きっちりと残りの給料をもらってやった。

「トム！　マジでふざけんなよ！（笑）」

「ワタシ、何もシラナイヨ！」

とぼけるトム。絶対知ってただろ！（笑）

「じゃあ、買い物行こうか〜」

ヴィトンのバッグ、クリスマス限定化粧品、土産……。こうして、香港で稼いだ給料はほとんどブランド物に消えていった。

帰りの飛行機の中で、ふと考えた。あの店、どう考えても1日2、3組しか客入ってなかったよな……。うちらの給料は30万だから、4人合わせて120万……合掌！。

＊＊＊

香港のキャバクラから1年後、私は沖縄にいた。

1泊1500円のゲストハウスに泊まりながら、那覇のキャバクラで働く日々。もう1か月もこんな生活を送っている。

香港のキャバクラから半年後、ケンちゃんとは別れた。別れた理由はハッキリ覚えてないが、お互い若いし遊びたい盛りだったのだろう。まあ、クロムハーツはもらえたし、私が香港に行ったことでお互いガッツリ稼げたから良しとしよう。

そして、「身分証さえあればどこでも働ける」と悟った私は、こうしてたまに沖縄に来て働いていた。東京へ戻る頃にはお金が貯まりまくっていた。

ちなみにスカウトマンのタッくんからは、あれ以来、店を紹介してもらってない。だが時々、渋谷のハチ公前広場や六本木の路上でキャッチをしているタッくんと遭遇するし、よい友だちになっていた。彼からしても、私のような問題児は友人ぐらいの関係がちょうどよいのだろう。

え？　また海外キャバクラで働かないのかって？

この時はまだ、海外にそこまで興味が沸いてこなかった。東京にもすぐ帰れて、ひとりでも生活できる沖縄くらいの距離がいちばんラクだったのだ。

だが10数年後、ふたたびアジアのキャバクラで働くことになるとは。私のキャバクラ放浪記は、まだはじまったばかりである。

第2章 アジアでキャバ嬢やってきた

店の広告用に撮影した1枚。ナンバー1のナオちゃん（左）とミキちゃん（右）。女の子は皆、顔出しNGだった。

タイ

THAILAND

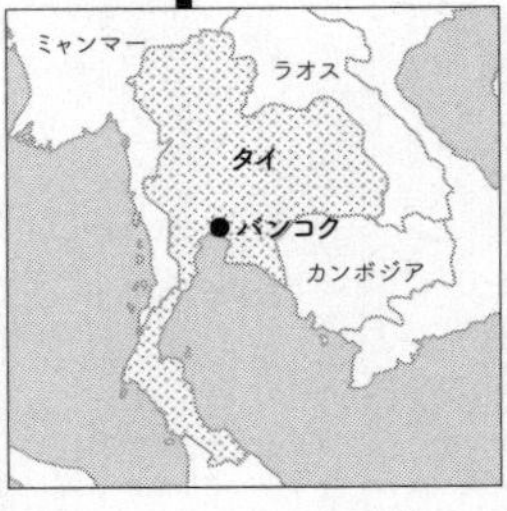

もう、日本飽きた！タイで就職しよう

「タイに住もう」

香港から10数年後の春、突然の思いつきだった。

沖縄のキャバクラに勤めた後、私は日本全国の夜遊びを究めようと様々な場所へ遠征した。地方のパーティー、地方のクラブ、大阪のミナミ、名古屋の栄、福岡の中州のホストクラブ……。散々、遊び尽くした結果、「もう、日本飽きた！」となった私は23歳の時、新たな夜遊びを求めて日本を飛び出した。

「うぅぉおおおお!!　ゴーゴーボーイ最高!!」
タイ、カンボジア、ベトナム、ラオス、フィリピン、韓国、そしてヨーロッパ……15か国以上の夜を遊び尽くした結果、ゴーゴーバー（音楽に合わせて踊る女の子を連れ出すことができるバー）、ゴーゴーボーイ（ゴーゴーバーの男性版）、レディーボーイ（ニューハーフ）、バービア（オープンスタイルのバー）、ディスコとすべての夜遊びが揃うタイにすっかりハマってしまった。そしてタイへの思いが募り過ぎた私は、アラサーにもかかわらず、思い切って住もうと思ったのだ。

別に日本が本気でイヤというわけではなかった。キャバクラは恐ろしいもので、どんなにやる気がなくても、気づいたら長くいるだけのベテラン嬢。接客も金も、10代の頃に比べると少しだけ余裕が持てていた。

プライベートもそこそこ楽しかった。毎週、毎月のように行われる飲み会や誕生日会、年に2、3回行く海外旅行。すべて楽しいけれど、どこかにある「このままずっと同じ生活なのだろうか」という物足りなさ。タイに住みたいと思ったのは、そんな思いがあったからかもしれない。

いざタイに住もうと決めたものの、海外での就活は簡単なものではない。まず、私が登録したのは人材紹介会社だったが、恐ろしいほど私に合う仕事はなかった。それどころか、「お前の経歴に合う仕事なんかねーよ。ボケ!! 身の程を知れ！」と、血も涙もない派遣会社からのメールのオンパレード。

当然といえば当然である。アラサー、職歴は水商売のみ。とても履歴書に書けたもんじゃない。さらにタイ語も喋れない。唯一、ここ最近は真面目にキャバクラで働いていたが、そんなの昼の仕事で評価されるはずもない。つまり、書類上はベテラン無職なのだ。

「せめて、タイ語だけでも覚えようっと」

意気込んで、タイ語教室に通いだしたが2か月で辞めた。理由は、オッサンどものナンパがウザかったから。

「タイ、好きなんですか？ よかったらこの後、お茶でも……」

お前ら、タイ人口説く目的で教室通ってるくせに（偏見）、身近な日本人ナンパしてんじゃねーよ！

2か月通って覚えた言葉は「ホンナーム ユー ティーナイ？（トイレどこですか？）」。あと数字。タイの道路を示す数字さえ言えれば、なんとかなる気がして。タイ語を諦めた私は別の道を模索することにした。

（タイ語ってタイでしか使えないし、英語だったらタイ以外の外資系の会社でも就職できるんじゃない？）

こうして、フィリピンのバコロドという街の英語学校に語学留学し、３か月みっちり勉強をした……というのは嘘で、日本人とばかり遊んでいた……。とはいえ、フィリピンに３か月もいれば、小学生レベルの英語は覚えるものである。だが、英検もＴＯＥＩＣも受けていない状態で、わずかばかりの語学留学に行ったとて、派遣会社の風当たりは変わらない。

こうなったら自力で探してやろうじゃないか。学のない私だが、独学であれこれやってパソコンだけは得意なのだ。

フォトショを駆使して超大作の詐欺履歴書写真を作った。キャバクラだろうが、昼の仕事だろうが見た目がよいほうが面接ウケもよいに決まってる。その大作と履歴書をタイの求人掲示板の求人に送りまくった。応募先は人前に出る仕事。営業、飲食、ホテル、旅行会社……。

無謀な挑戦と思われそうだが、意外や意外、この試みが大当たりしたのだ。フリーペーパーの営業、ダイニングバー、プーケット島のホテルの日本人スタッフと、なんと３つの面接が決まったのだ。

しかも、にわか英語も役に立った。スカイプで行われた一次面接は、騙し騙しでどうにかクリア！　あれ、私って天才？

さて、最終的にひとつに決めるわけだが、ここである問題が起きた。ソンクラーンである。ソンクラーンとはタイの旧正月のことで、水掛け祭りと言えば聞いたことある方もいるのではないか。私がタイに行こうとしていた時期は、ちょうどこの旧正月と被っていた。水掛け祭りに参加したい気持ちはあったが、この時期、タイに住む日本人が一斉に連休を取るというタイの常識を知らなかった。

旧正月の祝日自体は3日なのだが、祭りに参加したくなければ休みを取る。日系の会社によっては、10日ほどの大型連休を取ることもあるという。つまり、日本人の人事が会社にいなくなるのだ。

「たとえ働けたとしても、4月後半からですね」

おいおい……もう航空券買っちゃったよ。フリーペーパーの会社の人事から無情な連絡。

「うち、ソンクラーンでも営業してますよ」

マジすか!?

唯一営業していたのは、日本人向けダイニングバー。こうして到着した翌日には面接が行われ、あっさりと採用が決まった。ダイニングバーだとキャバの仕事とさほど変わらない気もするが……、まぁいいか。

ついにタイ移住することになった。憧れのバンコク暮らしがはじまる！

なんて浮かれていた日々は長く続かなかった。

「飲食店ってこんなに疲れるんだっけ……？」

ダイニングバーに勤めて2週間、早速ダメ人間モードが発動した。

中華料理屋のアルバイト以来の立ち仕事、長年のキャバクラ勤務ですっかり弱り切った足腰、数時間立っているだけでも死にそう。

「ハァ、ハァ……」

仕事終わりにマッサージに行っても、1日でパンパンに浮腫《むく》む脚。さらに店が終わるのは深夜2時。外へ出ると私の大好きなゴーゴーバーもバービアも閉店している。イカン、このままでは疲労とストレスで死んでしまう……。

「仕事辞めたい」

「えっ!?」

さすがに入店2週間で辞めたいという発言に、オーナーもビビる。

「いやいや、せめてバイトでもいいから来なよ！」

「イイんですか？」

オーナーが優しい人で良かった。こうして私はわずか2週間で社員からアルバイトになった。

どうやら、人間そう簡単に変われないらしい。

バンコク現地採用の厳しい現実

ダイニングバーのシフトは週2日に減らすことはできたが、さすがにこれでは生活できない。

「全然、見つからねー！」

どの求人も週休1日の8時間労働。こんなに働いたら死ぬ。

「何かイイ仕事ないかな～」

アパートの床に座り食べるのは、出前のタイ料理とビール。

タイに来た日から住んでいる月7000バーツ（約25000円）のボロアパートは、部屋の備え付けの電話から出前を頼めることだけは気に入っている。

このアパート暮らしにも慣れたし、あとは続けられる仕事に就くだけ……なのだがなかなか見つからない。いっそのことカラオケで働いてみるか？

タイのカラオケは日本人向けだし、正規雇用でないとワーパミ（ワークパミット＝労働許可証）は発行されないだろうけど。タイ人医師による健康診断書だったり、英文の卒業証明書が必要だったりと、タイでワーパミを取得するのはなかなか条件が厳しいのだ。

こうなったら、タイ人のフリして働くか、ワーパミを偽造するか？　たしかカオサン通りで偽造の身分証が作れたはず……。

いや、さすがにそれはダメだろ。

でも、カラオケで働くのはアリかもしれない。

そういえば、日本人オーナーのカラオケがあったな。一応、電話してみるか。

「……」

見つけたホームページは、黒の背景に黄色やピンクの日本語が並んでいた。２０００年代初期の闇サイトかよ。

一瞬酔いが覚めたが、ここでビビるわけにはいかない。

求人項目を見ると「日本人男女スタッフ募集！」と書いているではないか。仕事内容は、店内業務に案内役……。案内役なら私でもできそうじゃん。早速、求人担当マネジャーの電話番号を押す。

プルルルル……。

「……はい」

長い呼び出し音の後、不機嫌そうな男が出た。

「ホームページの求人を見て、お電話したカワノと申します。まだ、女性スタッフは募集されてますか？」

「ん…ああ……はい」

寝起きのような声。

「面接をお願いしたいのですが、よろしいでしょうか？」

「ああ……はい」

「では、いつ頃お伺いすればよろしいでしょうか？」

「え〜っと……じゃあ、明日の19時に店に来てください」

「わかりました。あと、ちなみに女性スタッフの仕事ってなんですか？」

「仕事内容は、明日話します……」

まったくやる気のない求人担当に少しキレそうになったが、面接は取り付けたぞ。これで、ひとまず安心！

まぁ、こう見えて面接受けはよいほうだし、受かったも同然だろう。

翌日、タニヤ通りにやってきた。ここはバンコクで有名な日本人向け歓楽街で、日本でも馴染みのあるチェーン店の居酒屋や飲食店が並ぶ、通称「日本人クラブ・リトルトーキョー」だ。はじめてタイに来るビジネスマンは、まず向かう場所であろう。昼間はショッピングモールや飲食店が営業し、夜は日本人向けのカラオケ店がオープンする。カラオケは、タイ人女性が接客する日本でいうキャバクラのようなもの。働くカラオケ嬢のなかには日本語を話せる子も多い。ちなみにカラオケには「ペイバーシステム」といって、気に入ったキャストがいたらホテルに連れて行くこともできる。ペイバー料金は2時間ほどのショートタイムで２５００バーツ（約９０００円）、オールナイトのロングコースで３５００バーツ（約１２０００円）が、タニヤの相場となっている。

はじめてバイトの面接を受ける高校生のように緊張しながら、店のドアを開けた。

キャバクラの前に面接に行ったカラオケのあるタニヤ通り。日本人向けの店が多い。

「イラッシャイマセ〜！」

タイ人のカラオケ嬢と目が合ったが、私が客じゃないとわかったのかすぐに目を反らされた。

それにしてもこの店……、名前は知っているが中に入るのははじめてだ。予想以上に広い。ミラーボールが回るギラギラした店内は、タイのカラオケにしては小綺麗だ。

で、面接するマネジャーはどこ〜？　一通り見渡すが、日本人らしき人は見当たらない。

「面接に来たんだけど、マネジャーいる？」

スタッフに声をかける。一瞬、怪訝《けげん》そうな顔で見た後、店の奥へと消えていった。

しばらくすると、奥から恰幅の良いタイ人のおばさんが出てきた。どうやら日本語が少し話せるようだ。

「19時から面接を受けにきたんですけど、マネジャーいますか？」

おばさんが首をかしげる。

「私はサブマネジャーよ。マネジャーは今日本に帰っててイナイヨ」

「ん？　いつ戻ってくるんですか？」

「昨日から行ってるカラ、2週間後ネ」

……昨日の電話の声が頭によぎる。

「あの野郎、ハメやがったな！」

思わず怒りが口に出てしまった。危ない。

しかし、予想だにしないことが起きてしまった。

財布の中はあと数千バーツしか残っていない。今日からでも働いて、あわよくば日払いまでもらおうと考えていたのに。2週間後って、それまでどうやって暮らせばいいんだ。

そんな私の気持ちが届いたのか、不意におばさんは言ってきた。

「私が面接をスルよ」

まさかの展開!!

おばさんの優しさに感動しつつ、面接がはじまった。

「女性キャストはペイバーあるヨ、ＯＫ？」

んっ？　今なんつった？

「ペ・イ・バー。連れ出し、ネ」

いや、ペイバーの意味はわかる。タイに何回来てると思ってんだ。

「それはアフターで出かけるってこと？」

「ノー、セックス込みネ」

「？？？」

そんな採用条件ある？　日本人として面接受けているのに？

「ジャパニーズでもペイバーされるの？」

「ココで働くコ、皆ペイバーありネ～」

「じゃあさ、ペイバーでもらえるのっていくらなの？」

「２０００バーツね」

円換算で……約7000円。それ、タイ人の相場より安いだろ！　しかも、こんな知り合いの日本人が超来そうな店で？

「あれ、もしかしてアユミじゃね⁉」

「ウッ‼　せ、先輩何してるんですか⁉」

うん、ムリ。絶対バレる。しかもお互い、超気まずい。

「いや〜キツイっす。接客だけじゃダメ？」

「ソレダト、お金全然もらえナイヨ〜」

「………」

丁寧にお断りして店を出た。

これで仕事が決まったと浮かれていたのに、また振り出しか……。気が滅入《めい》る思いだが、それ以上に怒りが込み上げて叫んだ。

「クソマネジャー‼」

私の叫びが、夜のタニヤにこだました。横でカラオケの客引きをしていたタイ人が私を見てビクッとする。だが、そんなことを気にしている余裕なんて私にはなかった。

転機⁉　またキャバクラで働くなんて

「あの野郎（クソマネジャーのこと）……今度会ったらゴーゴーボーイの人間ムカデに無理矢理参加させてやる……」

顔も知らないマネジャーを人間ムカデにすることを妄想しながら、当てもなくタニヤを歩く。人間ムカデとは男数人が前列の男に挿入しながら歩くショーのことで、タイのゴーゴーボーイではこの上ない盛り上げを見せるパフォーマンスのひとつである。

ヤケを起こして、「あの店、日本人に売春させようとしてますよ〜‼」って大声で叫びたくなった。でも、タイの色街の店はいろいろ悪い人たちが絡んでいると聞いたことがあるような、ないような。その程度の判断力は残っていたので、タレコミはやめることにした。

仕方ない。日本にいる友だちに電話して愚痴でも聞いてもらおうか。スマホを取り出したところで電話が鳴った。

「カワノさん！　お久しぶりです！」

電話は、バンコクで広告の営業マンをしているサワダさんだった。そういえば、タイにいるから飲みに行きましょうと話してたっけ。近くにいるので合流することになった。

「サワダさん、聞いてくださいよ……」

面接からペイバーまで、一連の出来事を話すと、サワダさんは大爆笑した。

「もう嫌なんですけど、働かなきゃいけないから、とにかくラクな仕事ありませんかね？」

「日本人が働けるラクな仕事ね～。飲食店くらいしか浮かばないけど……」

「飲食店は働いてますって！　立ちっぱなしが辛くて……」

「カワノさん、本当にダメっすね」

サワダさんは少し考えた後、思い出したようにこう言った。

「そういえば最近、日本人のキャバクラがパッポンにできたんですけど、そこ行ってみます？」

マジか!!　パッポンに日本人キャバクラ？

ふと昔、香港のキャバクラで働いたことを思い出す。あそこはかなり稼げたけど、ここタイだよな？

そんなに給料は出ないと思うけど、とりあえず話だけでも聞いてみるか。

「ぜひ！　お願いします!!」

土下座する勢いで頭を下げた。

パッポンは、先ほど面接を受けたタニヤから歩いて数分の場所にある。ゴーゴーバー、レディーボーイ、バービアが並ぶ、ナナプラザ、ソイ・カウボーイと並ぶバンコクでも有名な歓楽街だ。

２００３年にはじめてタイに来た時はパッポンで遊んでいた。その頃は賑わっていたこの通りも、最近ではナナプラザとソイ・カウボーイの人気が上がり、少し寂れてきたという。それでも私にとっては、タイの夜遊びの原点のような場所だ。

そんなことを考えながら歩いていると、一軒の店の前に辿りついた。

「あ、サワダさん！　いらっしゃいませ！」

店前に立っている可愛らしい男がサワダさんに気づく。

「今日は飲みに来たんじゃないよ。この子の面接をしたいんだけど、マネジャーいる？」

男はインカムで話した後、「どうぞ」と案内した。

ビルのエレベーターを上がる。ついに日本人キャバクラの全貌が……。

「……え」

ステージの上で腰を振る水着ギャル。と、それに群がる欧米人。

「ゴーゴーバーじゃん!!」

店のあるパッポン通り。周辺にはバービアのピンクネオンが光る。

キャバクラの店内。店の至るところにあるポールが、過去にゴーゴーバーであったことを匂わす。

「違う違う。落ち着いて（笑）。店はこの奥だから。じゃあ、俺は飲んで待ってるね～」

サワダさんはそう言うと、ゴーゴーバーへと消えていった。

あれ、ここじゃないの？

男の後をついていくと、奥にカーテンで仕切られた空間があった。

「ほう……!?」

カーテンの奥に現れたのは、キャバクラと呼ぶにはあまりにも殺風景な空間。薄暗い照明、隅のテーブルでは4名ほどのキャストが下を向いてスマホをいじっている。広いフロアの真ん中には使われていないステージ。以前はゴーゴーバーだったのだろうか。

そんなことを考えていると、マネジャーがやって来た。差し出された名刺を見ると「スギタ」と書いてあった。メガネとヒゲのせいで一見、年齢不詳だがハッキリとした喋り方に少し安心した。

「今はバーで働いているの？　こっちは週に何回出勤したい？」

面接は日本と同じだった。キャバクラの経験や、住んでいるアパートを面接用紙に書き終えて、店のシステムや時給の説明を受ける。

面接の結果、私の時給は５００バーツ（約１７５０円）、出勤は週３、４のシフト制になった。店は19時オープンだが、私は21時から1時までの出勤だ。

１日４時間なので、日給２０００バーツ。約７０００円だから、日本でいうところのスナックぐらいはもらえるということか。タイで生活するには十分すぎる金額だ。

「じゃあ、明日から来てもらえる？」

「禍《わざわい》を転じて福と為す」とはこういうことだろう。

「カンパ〜イ!!」

ゴーゴーバーで飲んでいるサワダさんを迎えに行き、祝杯を上げる。

今日はとことん飲もうじゃないか。こうして、私はバンコクのキャバ嬢となった。

必殺！ショットドリンク攻撃

翌日、初出勤を控えた私はアパートで迷っていた。キャバクラの衣装も靴も持っていなかった。

店にはレンタルドレスがあるが、昨日見た限りではサイズが合わなそうだったのだ。

「とりあえず、これでいいか」

持っている服から選んだのは、ノースリーブのワンピに黒のミニスカートにサンダル。

これは……！　どこからどう見てもタイ人カラオケ嬢。

だが、この服装は成功だった。

「パッポンまで！」

「お前、タイ人か？」

「カ～（イエス）」

バンコクでは夕方から夜にかけて、異常なほどの渋滞になる。私が住むマンションからパッポンまではタクシーで20分ほどの距離なのだが、渋滞時は倍以上の時間がかかる。渋滞が嫌いな私は移動の時に、バイクタクシーを使うことが多かった。バイクタクシーは、街中に止まっているオレンジ色のジャケットを着ている運転手と直接、料金交渉をするのだが、なかには吹っ掛けてくる運転手も多い。そのため、タイ人以外はあまり乗らない。

「ニータウライ？（いくら？）」

「50バーツ（約170円）だ」

やっす。完全にタイ人価格。普段なら倍はかかる値段を半額でいけた。タイ人なりきりファッション、大成功。

店に着くと、私以外のキャストはすでに待機していた。パッと見、どうやら現地採用は私だけのようだ。あらためてキャストの顔を見る。レベルは……まぁ普通。

香港に行ったメンツほど酷くはないが、正直、キャバ嬢っぽい子はいない。

「私は、日本でモデル事務所に入ってんスよ。そこの社長に行けって言われて〜」

そう話すのは、21歳のユウミちゃん。モデルと言っているがどう見てもギャルだった。

「ここの店の前は、シンガポールのキャバクラにいました」

27歳のハルカちゃんは、目鼻立ちがハッキリした博多美人。日本に帰って就職する前に、アジアのキャバクラで働いて貯金しているという。彼女いわく、アジアのキャバクラはシンガポールなど様々な国にあるのだとか。

後は友だち同士で来たという小柄なギャルふたり組、リコちゃんとミキちゃん。ふたりとも25歳だ。

「なんか飲むー？」

面接をした、マネジャーのスギタさんが言う。

「アタシ、お茶ー」

「カルアミルクちょーだい」

マネジャーは慣れた様子でカクテルを作る。どうやらこれが店の日常らしい。えらいアットホームな店だ。

……いや、暇じゃない!?

本日、客はいまだにゼロ。実は昨日の面接時に、日払いを１５００バーツ（約５０００円）もらえるという話になったのだ。マネジャーはイイ人そうだけど、このまま客ゼロだったらもらえなそう……ふと香港の時の記憶が蘇る。

だが、他キャストは店が暇でもまったく気にする様子はない。彼女たちは月給制らしいのだが、店が暇でも関係ないのだろうか？

博多美人のハルカちゃん（左）とテキーラ娘リコちゃん（右）。店の広告用に撮影した1枚。

「いらっしゃませー!!」

数十分後、やっと団体客が入ってきた。とりあえず一安心。

「ドリンクいただいてもいいですか〜？」

席に着いた瞬間、私以外のキャストが全員ドリンクおねだり攻撃を開始した。いくらなんでも早すぎないか!?

レディースドリンクを飲むと、１杯につき１００バーツ（約３５０円）のドリンクバックがもらえる。だが、ドリンクの値段は１杯５００バーツ（約１８００円）。高え！

実はこういうおねだり、私は苦手だったりする。だが、その客は焼酎のボトルを入れていた。

「ボトルあるなら、こっちいただきます」

客と同じ焼酎を飲むことにした。

「ん？」

ボトルを見ると、サントリーの鏡月だった。

「アユミさん、お願いします」

しばらくすると、マネジャーが呼びに来た。

ここは日本のキャバクラと同じシステムで、１時間に２、３人のキャバ嬢が回転する。とはいえキャストは５人なので、同じキャストが同じテーブルに着くこともあるだろうが……。

「鏡月は日本で仕入れているんですか？」

席を抜けたので、マネジャーに聞いてみた。

「鏡月はバンコクで仕入れてるよ。１本３００バーツ（約１０００円）くらいかな」

日本で買うと８００円ほどなのだが、あまり変わらないようだ。

「他の焼酎もバンコクで仕入れてるんですか？」

「黒霧島とか吉四六はオーナーが日本に戻る時に買ってくるよ。トランクに入れて持ってきてもらう。あと、日本から働きに来る女の子に頼むこともあるかな」

どうやら、バンコクのキャバクラで働くことが決まったキャストには、日本からハンドキャリーで持って運んでもらうらしい。

道理で酒の品揃えが良いわけだ。バーカウンターの棚には、山崎、響などのウイスキーから焼酎やヘネシーまで置いてあった。

「でも、お客さんと同じボトル飲むなんてエライね」

「どういう意味ですか?」

店で出す鏡月のボトルは1500バーツ(約5000円)。500バーツのレディースドリンクを考えたら断然お得なのだ。

だが、マネジャーからしたらキャストがドリンクを飲むほうが店の売り上げになるんじゃないかな。

その理由は、さっき着いた団体客が帰るときにわかった。

「ちょっと、なんでこんなに会計高いの?」

「俺ら、新しいボトル1本も空けてないよ」

何やら客席が騒がしい。マネジャーが仲介に入る。

「お客様、女の子のショットは800バーツでして……」

800バーツ!?

ショットとはテキーラやイエガーなどのショットグラスのドリンクだ。そういえばリコちゃんが「テキーラ飲みたいー!!」と頼みまくってたな。

揉めている横から会計を覗き見すると……20000バーツ（約70000円）!?

客は4人とはいえ、いくらなんでも高すぎだろ！

結局、ブツブツ文句を言いながらも会計をして客は帰っていった。

「あの、客たちしばらく来ないだろうなぁ……」

スギタさんがボソッと呟く。

「あの、なんでみんなショットばかり飲むんですか」

「ショットはドリンクバック200バーツ（約700円）だからね。飲んでくれるのはいいんだけど、今みたいに怒って帰る客もいるから、あまりやり過ぎないで欲しいんだよなぁ」

その後も何組か客が来たが、同じショットドリンク攻撃を喰らい、会計でモメる客がほとんどだった。

この店大丈夫かな。

バックヤードは無法地帯！となりのゴーゴー嬢

だが、こんなことはまだ序の口だった。その後、私はバンコクのキャバクラで衝撃の洗礼を受けることになる。まず衝撃を受けたのは、ゴーゴーバーとキャバクラの間にある自動販売機だ。はじめは、ゴーゴー嬢が店で着用するための下着の自販機かと思っていた。だが、よく見ると売られている下着にはそれぞれ番号と写真が貼られている。そう、ゴーゴー嬢の使用済み下着の自販機だったのだ。

「誰が買うんだよ……」

そう思っていたが、酔っぱらった欧米人が月に2、3枚買っているようだ。ちなみにキャバクラに来る日本人駐在員客の間では「自販機の下着を買って履くと病気になる」という噂がまことしやかに流れていた。

次に衝撃を受けたのは、ゴーゴー嬢との共用部分。店の隣にあるゴーゴーバーのキャストとは同じ更衣室やトイレを使うのだが、常に事件が起きている。

出勤して更衣室に入ると誰かが泣いている。おそらく彼氏と別れたのだろうが、泣き声がキャバクラの店内まで響いてくるのだ。

問題はそれだけではない。キャバクラではドレスと靴がレンタルできるのだが、それをゴーゴー嬢が勝手に着てしまうのだ。しまいには、店の女の子の私物まで勝手に借りる始末。

それ以来、靴とドレスは自分たちから見える場所に置くことになった。バーカウンターの下に無造作に置かれた靴とドレスが、場末のデリヘルの待機場所みたいで哀しい。

そして、私がいちばんイヤだったこと。それはゴーゴー嬢のトイレでの飲食。トイレはデパートのトイレ並みに広く、こういう店のトイレにしてはキレイだと思う。だが、タイ人の（ゴーゴー嬢だけ？）この習性だけはどうしても理解できなかった。

トイレでバースデーケーキ、カオマンガイ……。

となりのゴーゴーバーにあるゴーゴー嬢使用済み下着の自動販売機。ご丁寧に写真付き。

なかでもいちばん最悪なのはトムヤムクン。

普段は大好きなトムヤムクンも、トイレの中ではゲロのような悪臭になる。

「くっさ!!」

その臭いに何度吐きそうになっただろうか。

だが、共用部分の中でも唯一の楽しみがあった。更衣室でゴーゴー嬢の生着替えが見放題なのだ。

「８番は胸パットで……。15番は意外と歳いってるな……。31番は……キティちゃんパンツ!?」

こっそり、着替えチェックを楽しんでいた。

夜の女も一歩裏に入れば普通の女。日本でもタイでもそれは同じだな。

覚醒！ 私がやらなきゃ誰がやる？

「アユミちゃん、ごめんね。今日、売上金なくて……日払い500バーツでもいい？」

……500バーツ!?

バンコクのキャバクラに入って1か月。

ヒマだヒマだとは思っていたが、ついに恐れてたことが起きた。

「マネジャー、ご飯行こうよ〜」

こんな状況だろうと、店の女どもはあっけらかんとしている。

まず、コイツらは客を呼ぼうとしない。鬼のドリンク攻撃は相変わらずで、リピーターがまったく来ないのだ。

待機中も営業をかけるどころか、パソコンを持ち込んでDVD観ているし……。

「はぁ……」

これは私の性格だが、周りの人間がアツかったりテンションが高いと冷めていってしまう。だが、周りの人間が冷めているとなぜか急にやる気が出てくる。

（こうなったら、自分で客呼ぶしかないだろ！）

覚醒した私は、客を呼ぶための作戦を考えた。

作戦1　とにかく同伴
作戦2　料金の値下げ
作戦3　とにかく店外&アフター

まず作戦1だが、客に付いて、ある程度話したらこう言うことにした。

「今度、ご飯行きましょうよ～♡」

店の客の9割が日本人の駐在員なのだが、そのほとんどが同じ会社の人間と、日本居酒屋で夕飯を食べていた。そんな生活を続けているとさすがに飽きてくるのだろう。私の食事の誘いに、駐在員たちは飛びついた。

「行こうよ！　どこか美味しい店知ってる？」

「美味しいビアホールがあるから、そこ行こうよ」

こちとら、バンコクには十数回も来ている。日本居酒屋しか知らない駐在員より多少は知ってるつもりだ。夕飯を食べたら、後は店に連れていくだけである。

ちなみに「食事に行ったのに同伴断られた!!」というキャバ嬢を日本でもたまに見かけるが、私は1度も断られたことがない。これは私なりのコツなのだが、まず「これから出勤ですよ！」とわかる服装で行く。次は食事中に「店に連絡するね」と同伴ということをさりげなく念を押し、店に連絡する。これでほぼ成功する。

話しが逸れたが、作戦2。

「マネジャー、同伴するからセット料金安くしてよ～」

店のセット料金は、1時間ひとり3000バーツ（約10000円）と激高なのだが、これを「同伴して客を連れてくるから」と言い、半額の1500バーツにする作戦。

普通、キャバクラだから飲み放題のハウスボトルがあってもよいはずなのに、この店にはなかった。会計が3～5万円もしたら、そりゃ客もキレるだろう。

セットを1500バーツにすれば、ボトル代と1500バーツ（約5000円）の同伴代を入れても1500円ほど。同伴バックも1000バーツ（約3500円）入るし、自分の最低限の日給は稼げる。

あと面倒臭いが、店にも売上げ貢献をしなければいけない。ここはわずかに来る観光客と出張客に託すことにした。

そこで作戦3。とにかく店外&アフター。

タイ滞在中にまた来そうな出張客や観光客とアフターに行く。これはラストまで残ってもらうためでもある。出張でタイに来て、日本人キャバクラに来る客は100%タイ初心者だと思う。このアホみたいに高い料金で普通、入ろうと思わないし、タイ人の店に行ったほうがよいと思うだろう。

そういう客を「タイの夜遊び、教えてあげるよ〜」とアフターに誘い出すのだ。連れて行く場所はゴーゴーボーイ、ゲイディスコ……。

ゲイばかりだって？　だがこれが男同士ではなかなか行けない場所なので、意外にも好評だった。海外キャバ嬢は、いかに現地のローカルな場所を知っているかが肝となる。この店のキャバ嬢は全員タイに来るのがはじめてで、夜遊びに詳しいのは私くらいしかいなかった。

こうして徐々に売り上げを伸ばしていった私は、気がついたら店で1番の売上げをあげていた。はじめて手にした栄冠は、歌舞伎町でも六本木でもなくバンコクだった。アジアでナンバー1

になった。誰にでも輝くことができる場所があるっていうけど、私にとってその舞台はまさにバンコク。「タイにいたら誰にも負けない！」そんな万能感に包まれていた。

ナンバー1がやってきた！

ナンバー1。キャバクラ歴1x年。六本木では数々の店を飛び、歌舞伎町では「あの子、豆ばっか食ってんのよ！」とキレられ、香港では寝てばかりいた私が、バンコクのキャバクラでナンバー1!!

はっきり言ってタイ初心者のキャバ嬢には負ける気しねー！　まさに我が世の春を謳歌していたのだ。

だが、そう浮かれていられたのも、ほんの一瞬だった。

入店から2か月、待望のニューフェイスが入ってきた。ナオちゃん（30歳）は、バンコクに来る前はシンガポールのキャバクラにいたらしい。ノリが良く、酒も飲めるナオちゃんはバンコクでもすぐに売れっ子となった。さらにシンガポールからの出張客を呼び、あれよあれよという間にナオちゃんはナンバー1になった。

あっさりナンバー1の座を明け渡した私だが、特に悔しい気持ちもわかなかった。ナンバー1

へのこだわりがまったくなかったのだ。むしろ、ナオちゃんのお蔭で、私の給料もさらに安泰である。

ナオちゃんは見た目も性格も良かったが、酒癖はすこぶる悪かった。

「チューしようよ～♡　チュー」

酔うとキス魔になるのだ。この頃はうちらのお蔭で店の売り上げが良かったので、従業員同士で飲みに行くことが多かった。酔っぱらったナオちゃんに絡まれるのは、だいたいマネジャーの役目だった。私に絡むことはなかったのだが、ついにある日……。

「アユミちゃ～ん♡」

ぶチュ!!

避ける間もなく唇同士がぶつかった。

もし、これがオッサンならば「酒クセェ!!」とキレるところだが、この時は違った。

(あれ、なんかイイ匂い……)

女の子って、酒飲んでてもこんなにイイ匂いするのか……。

それより、今回タイに来てはじめてキスした気がする。何を隠そう、タイに来てからの私は禁欲生活をしていたのだ。日本にいる彼氏に操《みさお》を立てるとか、そんな堅い女ではない。実際、男友だちと遊んだりしていた時期もある。だが、バンコクで禁欲生活を続けているのには理由があった。それはバンコクのコミュニティーが村並みの狭さということ……。

実はタイに住む前から「〇〇の誰と誰が付き合っている」だの「××の店のアイツとあの客がセフレ」だの、超どうでもいい情報が旅行者の私の耳にも入っていた。

そんな狭いコミュニティー内で、しかもバンコクには1店しかない日本人キャバクラ。

「俺、あそこのアユミとヤッたぜ！」

なんて言い触らされたら……死ぬ!!

「アイアム処女、私は処女……」

と自己暗示をかけて早2か月。人生で最長記録の禁欲生活に達した。今なら出家できるかも！

店内抗争勃発

月に1度の給料日がやってきた。

給料は普段日本にいるオーナーが店に来て、手渡しでもらう。

「アユミちゃん、お疲れ様。頑張ってるみたいだね」

普段は開いていない店の奥の事務所にひとりずつ通され、給料をもらった。

この部屋は、ビルを管理している欧米人オーナーがマリファナを吸う部屋になっているという噂だ。そのせいか、部屋の匂いはほんのり香ばしい。

明細を見ると7万バーツ（25万円）と書かれていた。タイのフリーターにしてはなかなかである。

給料をもらい、今日も営業がはじまった。だが、なぜかいつもよりも空気が重々しい。

「アユミさん、給料ちゃんともらえました？」

自称モデルのユウミちゃんが聞いてきた。

「もらえたよー。なんで？」

「……いや、何もないっす」

普段は騒がしいユウミちゃんが、この日は珍しく大人しい。その理由を聞いたのは、営業後にマネジャーとナオちゃんの3人で飲みに行った時だ。

「えっ？」

私とナオちゃんの声がハモる。

「私、もらいましたよ」

「私も」

マネジャーが続ける。

「ふたりは客呼んでるから給料出したみたいだけど、他の女の子はドリンクバックぐらいしかもらえなかったみたい。それに……俺の給料もずっと出ていないしね」

「マジですか？」

日本から連れてこられた子たちは月給＋ドリンクバックが給料になる。だが、彼女たちは無料の寮に住んでいるため、時給に換算すると現地採用の私たちよりも安い。私たちの時給は500バーツ（約1750円）からスライド制で上がっていくが、彼女たちは300バーツ（約1000円）ほどだ。


その日から、店の雰囲気は一変した。私とナオちゃんはいつも通りだったが、店の空気は明らかによろしくない。ユウミちゃんは給料日以来、休みが増えていった。

「アユミちゃん、ユウミと話してくれる？」

突然、マネジャーに相談された。

「話すって何を？」

「俺が言っても聞かないだろうし。ユウミ、アユミちゃんには懐いてるしさ」

懐かれた覚えはないが、たしかに仲は悪くない。あの給料日の後、ユウミちゃんはオーナーと大喧嘩したらしい。

「わかりました。今日の営業後、誘ってみます」

久しぶりに出勤していたユウミちゃんを誘い、屋台のチムチュム屋に入った。チムチュムとはタイの東北地方の鍋料理で、土鍋で煮た肉や野菜を卵につけて食べるタイのすき焼きのことだ。

「ぶっちゃけ、もう日本に帰りたいんスよね」

ビールを一気した後、ユウミちゃんは愚痴をこぼした。オーナーから「やる気がないなら辞めていいよ」と言われたらしい。

「大体、店がヒマなのにやる気出ないっすよ。この前も同伴しようとしたら客に帰られたし」

話を聞いていると、この子は不器用なんじゃないかと思えてくる。

ユウミちゃんは、他のキャストみたいにショットドリンクを頼みまくったりしない。場内指名でも自ら「ココにいたいんです〜！」と図々しく居座るタイプでもない。客のことを考え過ぎて、空回るタイプなのかもしれない。

てかマネジャー、なぜ私に任せた？　私にアドバイスできることなんて何もないんだけど……。

「オーナーには私から給料出すようにも伝えとくから、あと少し頑張りなよ」

そんな言葉しか出なかった。

私が入店した時のメンバーはビザの都合上、3か月という期間限定で来ている。彼女たちは後

2週間もすれば帰国なのだ。来週には、入れ違いで新しいキャストも来るだろう。

「アユミさんはどうするんですか？」

「え？」

「このまま、店に残るんスか？」

ふいに聞かれて焦った。この先のことなんて何も考えてなかったからだ。

「しばらくは……。でも、今いる子たちが帰ったらどうしようかな」

なんだかんだいっても、店の子たちが帰るのは寂しい。

ハルカちゃんとはゴーゴーバーに行ったたし、リコちゃんミキちゃんをゲイクラブに連れて行ったりもした。

「そろそろ3か月か」

まだわからない先のことをぼんやり考えて、私は残りのビールを飲み干した。

バンコクを去る日

バンコクのキャバクラで働きはじめて3か月。店のオープンから働いていた博多美人のハルカちゃんが一足先に帰国した。

「ハルカちゃんは帰ったら、就職するんだっけ？」

「そうなんですよ。もう27歳なのでそろそろマズくて……」

「私なんて30歳なのにまだ外キャバ（海外キャバクラの略）してるよ！」

既に出来上がったナオちゃんが横で大爆笑する。

「日本で仕事決まったら連絡してね！」


それから1週間も経たないうちにハルカちゃんからLINEが来た。

「実は私のお給料が振り込まれてなくて……」

そっちの報告!?

給料日は2日前。マネジャーは遅延していた分を少しもらい、ユウミちゃんにはもらえていなかった先月分が支払われた。ユウミちゃんの分はチムチュムを食べに行った後、私からオーナーに言っていたのだ。

だが、ハルカちゃんの口座には振り込まれていなかったという。ハルカちゃんは帰国の前から不安がっていたが、その予感は見事に的中した。オーナーめ……。まぁ、大体予想はついていたことだが。

結局、私からオーナーを説得することになった。私はみんなのマネジャーか！

数日後、ハルカちゃんの給料は無事に振り込まれた。だが、私は人の心配をしている場合ではなかった。「ビザラン」が限界だったのだ。

キャバクラも掛け持ちしているバーもアルバイトのため、労働許可証は出ていない。タイにノービザで滞在できるのは1か月間。そのため、月に1度はタイから近隣国に出国しては戻る「ビザラン」を繰り返していた。

だが、この頃からビザランに対する規制は厳しくなっていた。パスポートの入国スタンプがあまりにも多いと、その後入国できない可能性も出てくるという噂が回っていたのだ。ちなみにこの年、1年でビザランを11回繰り返した日本人夫婦が入国拒否を受けたという話を聞いた。1年もいればそうなるのも仕方ない。なかにはパスポートを洗濯機で洗って新しいパスポートを申請する強者もいるらしいが、そこまでするヒマもない。

「困ったな」

そう呟きながらプールでくつろぐ。昼の屋上のプールは人がいないのでお気に入りだ。

この頃、私は店で知り合った駐在員のアパートに居候していた。詳しい話は後で触れるが、金をまったく使わない生活をしていたため、貯金も少しできていた。

このままキャバクラを続けてもいい。だが、店の空気は微妙なままだ。オーナーは「店のママになりなよ！」と、なかなか面白いことを言ってくるが、あまりにも現実味がない。

マネジャーは給料の遅延でオーナーを信用してないし、ここで私がオーナー側につくのも微妙な気もする。もう少しこの生活を続けたい気もするが、このままビザランを繰り返すのは難しい。


その時、ふとハルカちゃんの言葉が頭をよぎった。

「タイの前はシンガポールのキャバクラにいました」

そうか、違う国の日本人キャバクラに行けばいいのか。せっかく貯金もできたのに、日本に帰るのはもったいない気もする。アジアのキャバクラを行けるとこまで行ってみるのも面白いかもしれない。

ハルカちゃんに教えてもらった求人サイトを開く。シンガポール、カンボジア、ベトナム……。以前、働いた香港もあった。日本人キャバクラはアジア中に存在していた。

＊　＊　＊

1か月後――。

「いろいろとお世話になりました」

居候させてくれていた同居人に礼を言う。

「いいなぁ……。俺はあと2年いなきゃいけないよ」

同居人は私とほぼ同時期にタイにやって来た。2年間の駐在生活はまだはじまったばかりなのだ。

「また、バンコクに来たら遊ぼうよ。路上居酒屋、また連れってってよ」

「そうだね」

そう言って少し寂しそうな顔をする同居人。最後まで世話になりっぱなしだったな。

私はオーナーとマネジャーに店を辞めると伝えた。オーナーは「いつでも戻ってきていいよ」と言ってくれたが、マネジャーは「俺も、そろそろ辞めようかな」と笑った。

私が入店した時のキャストは全員帰国した。新しい女の子は入っていたが、また一から仲良くなるのも少し面倒臭い気がした。ちなみに、掛け持ちしていたダイニングバーのオーナーも「いつでも戻ってきなよ」と言ってくれた。最後まで週1、2回の出勤しかしてなかったが、こんな自分を雇ってくれて本当にありがたい。今でもバンコクへ行くと、必ず飲みに行くようにしている。

私が辞めた後に移転して新しくなった店。前店舗と比べると天国と地獄並みの差。

私は、バンコクで稼いだ金を持って次のキャバクラに向かう。私のアジアキャバクラ旅はこうして幕を開けた。

【バンコク・キャバクラDATA】

期間	3か月半
場所	パッポン2
キャスト	日本からの出稼ぎ8割、現地採用2割
給料	時給500バーツ（約1800円）→700バーツ（指名本数により変動）／月収最高7万バーツ（約25万円）
バック	レディースドリンク100バーツ（ショット200バーツ）／指名客の売上の15%
生活費	家賃7000バーツ（約25000円）のアパート→駐在員と同居したため家賃ゼロ。そのため、食費含め生活費はほとんどかからなかった。

※1タイバーツ（THB）＝約3.5円

香港
HONG KONG

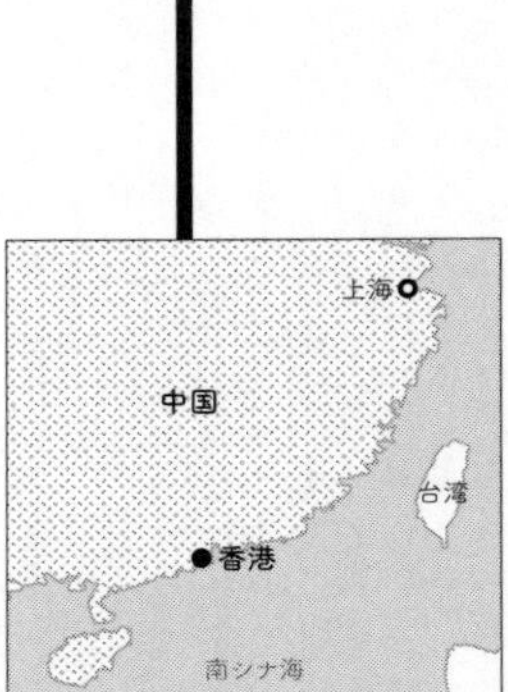

香港ふたたび

香港の空港を抜けると、14年前とはまるで変わった町並みがあった。立ち並ぶ高層マンションの間を広東語の看板がひしめき合う。心なしか道行く人が若く見えるのは、自分が歳を取ったせいだろうか。

タイのキャバクラで出会ったハルカちゃんから教えてもらったキャバクラ求人サイト。そこには世界中の日本人キャバクラの求人が掲載されている。

サイトを見ながら、アジアのキャバクラを回るルートを自己流に考えた私は、まず台湾に行くことを考えた。だが、台湾に詳しい客に話を聞くと、持ち帰りのあるセクキャバだというではないか。しかも日本人はほぼいないらしい。それは働きたくねーなぁ……。

そこで、選んだのが香港。14年前と同じ給料であれば、資金作りにも丁度良いと考えたのだ。求人には「オープンから14年、香港で最も古い日本人キャバクラ」と掲載されていたので、昔働いた店と同じだろう。

14年前と同じように空港には香港人の送迎の男……いや、オジサンが来ていた。もしかしてトム!?

一瞬思ったが全然違った。彼はオーナーの友人だという。

あの時と同じように、車は銅鑼湾《コーズウェイベイ》に向かって走り出した。

「はじめまして！」

店の近くで、店のチーフマネジャーと名乗る女性と合流した。差し出された名刺を見ると「リナ」と書いてある。年齢を聞くと27歳。若い……。人生、今がいちばん楽しいんじゃね？　いや、別に嫉妬なんてしてないし。

「香港ははじめてですか？」

「いえ、14年前にここで働いたことあります」

「えー、すごい！　多分オーナーが変わる前ですよね？」

「たしか、日本人のママでしたね」

「う～ん、私はわからないかなぁ」

しばらく歩くと店に到着した。場所は昔と同じだが、街が変わり過ぎて記憶が曖昧だ。

「おお……」

店内は14年前のイメージとはまるで変わっていた。ブラウンを基調とした店内にバーカウンター、ボックス席が6つ。あれ、こんなにオシャレだったっけ？

あまりにも変わり過ぎて少し震えていると、リナさんが店の料金システムを説明してくれた。

「最初の1時間は500ドル（≒香港ドル約7000円）で、延長すると1時間300ドル（約4000円）で……」

500ドル!? エラい安くないか？

14年前の約4分の1になっている。

「給料っていくらでしたっけ？」

「月2000ドル（約28万円）だから……そこから寮費が引かれて、大体13000ドル（約18万円）くらいかな」

なんか「悪くないでしょ？」風に言ってますが、日本円に換算すると20万円以下ってことですよね？

「お金は全然遣わないからすぐ貯まるよ〜」

マジで？　14年前の３分の１になってるんですが……。

その後、店を出てスーパーへ日用品を買いに行った私は愕然とした。

……物価高くね？　ペットボトルが13ドル（約１８０円）、野菜に至ってはキャベツが40ドル（約５６０円）⁉

自炊しようと思ったが、給料なくなるわ！

いや、もしかしたら外食のほうが安いのかもしれない。適当に入った店でビールと食事を２品注文した。

「１５０ドル（約２０００円）デス」

……。

あれ、なんか思ってたのと違うぞ。昔の香港はもっと物価も安かったはず。日本人女は一晩10万円の価値があるんじゃなかったの？　家賃も食費もほとんどかからず、ラクして稼げる街じゃなかった？

それが今じゃ寮費に月10万円も取られ、月収20万円以下？

給料は入店から１か月半後。タイで多少の貯金を作ったとはいえ、この物価でどうやって生活すればいいんだ⁉

不安の中、香港の生活がスタートした。

現地娘は色恋上手

香港のキャバクラで働いてまずビビったこと。女の子のレベルが高い！

私が入店した次の日、リナさんの友人が日本からやって来た。25歳の真美は、昔アイドルをやっていたらしく、顔もスタイルも完璧だった。

「君、手足長いね！」

「顔ちっちゃ!!」

客もメロメロ。たしかに背は私よりも15センチは高いのに、顔のサイズは私と同じ、いやそれ以下かも……ぐぬぬ……。

さらに真美は性格も良かった。とにかく「いい子」。いい子過ぎて逆に損してしまわないかと心配になるほど。こんな子はキャバクラで働いちゃダメ!!　客と話をさせるのももったいない！

店には日本人だけではなく、中国人と香港人のキャストもいた。中国人のリーちゃんに香港人のケイト。

リーちゃんもアイドルのように可愛らしい顔をしている。日本語がペラペラなのは大学時代に日本へ留学していたからだそう。その時にスナックでバイトをしていた経験を生かし、この店で働こうと思ったそうだ。ケイトは親が香港人と日本人のハーフ。子どもの頃は日本に住んでいたらしい。皆からはケイティと呼ばれており、顔は普通。だが、客ウケはいちばん良かった。

なんていうの？　色恋営業というのならそうかもしれない。だが、客と付き合うわけではない。天然の色恋というか「メンドクサイ彼女」のような接客なのだ。

香港のキャバクラは、日本やタイのキャバクラと違い指名制ではなかった。その日に客と連絡を取って店に呼んだ子が接客するのだが、売上や指名バックはない。同伴バックはもらえるが、基本的には客を何人呼んでも給料は変わらない。

落ち着いた雰囲気に生まれ変わった香港のキャバクラ。

そんななか、ケイティがよく呼んでいる客で斉藤さんという駐在員がいた。顔が芸人トレンディエンジェルの「斉藤さん」にソックリだからである。斉藤さんはどのキャストとも割と仲良く話すタイプで、ある日、チーフマネジャーのリナさんと同伴をしてきた。

ケイティは他の客と同伴の先約があったのだが、斉藤さんがリナさんと同伴をすると思ってなかったのだろう。店で斉藤さんを見るなり、ケイティは斉藤さんの席に走って来て呟いた。

「……私のこと、見捨てないでね」

こ、怖い。怖すぎる。

私は震えた。彼女でもないキャバ嬢にこんなこと言われたら……。いや、彼女でも怖え！

斉藤さんも引いてるだろうな……と、斉藤さんの顔をチラッ見た。

……!?

なんと、罪悪感に満ちた顔をしてるではないか。

「俺、ケイティに謝ってくる」

席を立つ斉藤さん。

やめて！　オッサンの少女漫画のような展開見たくない!!

それ以来、斉藤さんは「私以外と同伴しないでね♡」と、ケイティに固く約束させられた。どうやら、ケイティにはオジサンをメロメロにさせる何かがあるらしい。

一度、斉藤さんの席についた時、本気で恋愛相談されたことがある。

「やっぱり、俺がケイティを守ってあげないとって思うんだよね」

なんかクサい台詞吐いてるけど、アナタ既婚者ですよね？

斉藤さんは結婚しており、子どももいます。何が悲しくてオッサンの恋愛相談を聞かなきゃいけないいんすか。

でも、これは期間限定で働く日本人キャバ嬢にはできない芸当だと思う。香港に住んでいるケイティだからこそ、駐在員相手に成り立つ気がするよ。

……現地娘、恐るべし！

やりたい放題！日本人ドラ息子

地雷客というものはどこの国にもいる。日本だったらチンピラ、やたら値切ってくる客……。

「海外のキャバクラって駐在員しか来ないから、客層良さそうじゃない？」

たまに言われるが、まったくそんなことはない。香港で出会った地雷客の話をしよう。そいつのあだ名は「バカ息子」。

ファーストインプレッション。他の席に着いているところを、いきなりバカ息子に呼ばれた。

「あそこのお客さんが、ちょっとでいいからアユミちゃんを付けてって」

「……？」

この時点で違和感を感じた。これが日本であれば、「ラッキー、場内」と思っていただろう。

まず「ちょっとでいいから」というのが引っかかる。これは明らかに私の見た目を気に入ったわけではない。店は指名制ではないので、キャバ嬢は回転する。「今日中に店の女全員付けろ」と言われているような強引さを感じたのだ。

ちなみに私は、「痛客スカウター」を持っていた。長年のキャバクラ歴で「ややこしい&面倒臭い客」を察知する能力だ。

痛客①

金持ちアピールをする客。主に成金に多いのだが、散々アピールをするくせに実はケチ。「お金あるならシャンパン飲みましょうよ～」というと、だいたい黙る。シャンパンのひとつも入れないんだったら、キャバクラで金持ちアピールするなよ……。

痛客②

次に、愛人話を持ち掛けてくる客。酔ったノリでしか言ってないので、信用しないほうがいいかな。キャバ嬢の愛人を作る客って、最終的に会社が倒産したり横領を起こしたりして飛んだという話をよく聞く。

痛客③

高級クラブとキャバクラを比べて説教してくる客。

「俺、普段は銀座で飲んでるからさぁ、君たちみたいなこんな安キャバの接客じゃ同伴はしないよ～」

うん、来なくてイイ。「ちゃんと接客すれば金使いますよアピール」をして、枕やアフターに誘おうとする手口バレバレ。こういう客は口が軽いので、枕なんかしたら店中に言いふらされる可能性大。関わらないのがイチバン。

痛客④

そして、複数のキャバ嬢を付けろという客。それが、この「バカ息子」。

「俺、今日、日本人コミュニティーのイベントに参加してきたんだよね。久しぶりに汗かいちゃってさ～。やっぱり働くっていいよね！」

やはり痛客のオーラがビンビン来てる。私は切り返した。

「そうなんですね～。普段、お仕事何してるんですか～？」

「えっ……」

案の定、バカ息子の動きが止まった。若くて遊び慣れてそうだが、駐在員でも現地採用でもないチャラさがあった。多分、ニートだろう。

「仕事？　仕事は親のマンションの管理とかいろいろ」

さりげなく自慢！　自慢をするヤツこそいざという時、金払いが悪い。これは一癖ありそう！

結局、その日はLINEの交換だけしてバカ息子は帰っていった。

翌日の朝、バカ息子からLINEが来た。

「おはよう！　今日、ランチ行かない？」

ウゼェ！　キャバ嬢を昼間誘うヤツ、超うざい。こっちは夜まで寝たいんだよ。

「昼は眠いかな……。夕飯で同伴ならイイよ♡」

これで返信がなければそれでよかった。

「わかった、じゃあ夕飯行こう」

ん？　意外な返事が返ってきたぞ。というわけで夕飯という名の飲みへ行くことになった。

「ここのルーフトップバーのオーナー、知り合いなんだよね～」

と、バカ息子が入ったのはバーだった。

ルーフトップといっても10階だし。若者がバケツに入った瓶ビールを一気しているような店だ。

「ビールでいい？」

わざわざバーに来てビール。しかもバケツに入ってるやつ。別にいいけど、夕飯ではないよね？

しかも5本入り。ふたりなのに5本……。

「でさ～、日本に金塊を持ち込もうと思ったら取り調べ受けちゃって～」

「へ～、そうなんだ」

適当に答える。どうやら、バカ息子の親父が金持ちのようだ。

コイツがいくら金塊を持ち込もうが、同伴できなきゃ何の意味もないんだよなぁ……。

「そろそろ、店行こっか」

ビールも飽きたし、ほぼムリヤリ連れ出した。

店に着き、しばらく飲んでいるとバカ息子が言い出した。

「そういえば、あの子付いてもらってないな」

バカ息子が指したのは……元アイドルの真美。

真美か……。めちゃくちゃイイ子だし、夜働き慣れてなさそうだけど大丈夫かな？

私的には全然、他の子指名してくれてもＯＫだけど……。まぁいいや。なんかあったらフォローしよう。

「真美さん、おねがいしま～す」

真美と席を代わった。

翌日、真美からＬＩＮＥが来ていた。

「昨日の人から、ご飯誘われたんですけど……、行ってもいいですか？」

わざわざ私に確認しなくても。やっぱ、この子性格いいな。

「全然いいよー！　ちゃんと店連れてくるんだよ〜！」

なんか、上手く丸め込まれて「店、行かなくてもイイ？」とかバカ息子が言い出しそうなんだよなぁ。昨日も若干、そんな片鱗が見えたし。

「いっらっしゃいませー！」

真美とバカ息子が入店した。おお、やるじゃん！

その日、私はバカ息子の席にはノータッチだった。何時に帰ったのかすら覚えていない。しかし、それが深刻な問題になっていたことを私はまだ気づいていなかった。

それから数日後、出勤すると香港人マネジャーの元さんと、真美が話し込んでいた。何やら深刻そうだ。

「アユミさん、バカ息子さんとまったく連絡が取れないんです!!（泣）」

聞くと、真美と同伴したあの日、バカ息子は「今から友人がここに来るから、迎えに行ってくる」と言って店を出たという。だが、待てど暮らせどバカ息子は戻らない。真美と元さんはバカ息子に電話したが、まったく出ず、それから1週間も音信不通だという。

バカ息子の会計は2000ドル、約3万円を食い逃げしたというわけだ。

やっぱり。どうりでスカウターがビンビンに反応したわけだ。ちなみに元さんはバカ息子の父親と知り合いだという。

「ワタシが、オトウサンに話しマス」

その後、元さんはバカ息子の親父と連絡を取り、会計を払ってもらったそうだ。そして問題のバカ息子は、もちろん出禁になった。

これは後にケイティが客から聞いた話だが、バカ息子は無銭飲食の常習犯だったらしい。バカ息子の父親は複数の会社を経営しており、所得税が15%しかかからない香港にバカ息子も住ませているという。そしてバカ息子は香港で顔の広い親父の金をアテに、複数の店で無銭飲食を繰り返しているというのだ。

仕事の身元がわからないヤツは信用してはいけない。まったく、とんでもねーバカ息子である。

香港警察24時!

海外キャバクラで働いていると「就労ビザは出るの?」と聞かれることがある。答えは……半々。出る国もあるが、短期間では出ないことがほとんどだ。

香港は出なかった。香港の日本人キャバクラができたのは14年前。それだけ長く営業してるんだから、なんとかしてくれとは思うが。

14年前、「もし、警察が来たら客のフリして」と言われ、常にパスポートを持っていたが、さすがに何か月もいるとそんな設定も忘れてしまう。それを思い知ったのは、ある週末だった。

この夜、店は賑わっていた。とはいえ、客が入っているのはカラオケルームのみ。団体なのでキャバ嬢がふたりしか入れず、残った私たちは灰皿作りに勤しんでいた。香港の屋内は全面禁煙とされている。店に灰皿はないため、アルミホイルの手作り灰皿を置いていた。

作り方は簡単だ。アルミホイルを10センチほどの長さに切る。切口を2センチ幅に2回折り、折った部分にグラスの底部分を当てて巻く。この時、グラスの飲み口はアルミホイルと反対側になるように巻き、はみ出した部分のアルミホイルをグラスの底の中心部にまとめたら完成。灰皿のない時にぜひ作ってみてはいかがだろう。

香港キャバクラ発アルミ灰皿の作り方

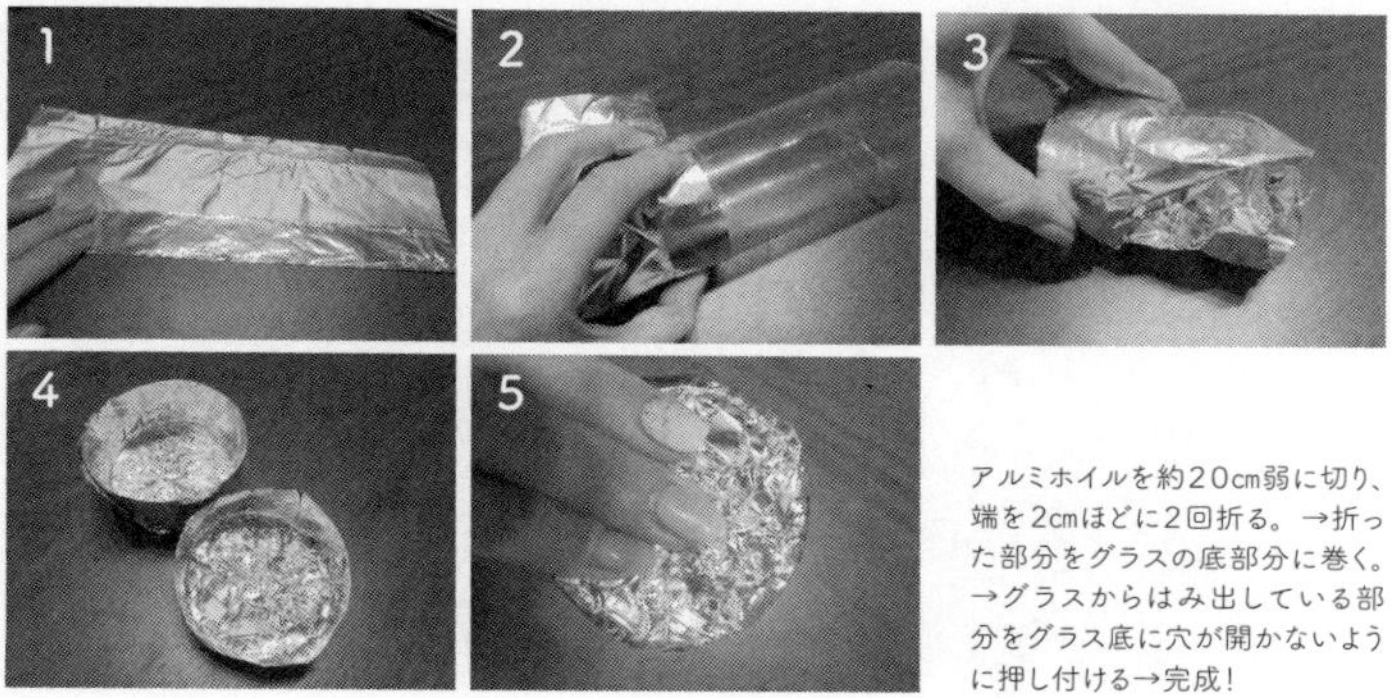

アルミホイルを約20cm弱に切り、端を2cmほどに2回折る。→折った部分をグラスの底部分に巻く。→グラスからはみ出している部分をグラス底に穴が開かないように押し付ける→完成！

灰皿工場ばりに大量の灰皿を作り、一息ついていると、マネジャーの元さんが走ってきた。

「警察、見回り来てる！　灰皿隠して!!」

急に流暢な日本語になる元さん。

えっ、灰皿隠せ？　今作ったばかりの灰皿？

大量の灰皿をロッカールームに隠す。早急にカラオケルームからも使用済み灰皿が撤去された。とりあえずホッとしていると、元さんが急に焦りはじめた。

「警察、上がってくるかもシレナイ！　客のフリシテ！　パスポート、持ッテル!?」

「パスポート……持ってない……」

そういえば、寮に置きっぱなしだ。

「わかった！　今日はモウ帰ッテ!!」

時刻は1時。店の営業終了まであと1時間。これから客が来そうではあるけど……。

「見ツカッタラ、営業停止ナル！　早く!!」

迷ってるヒマはない。荷物を持って店から出る。

「ハヤク！　エレベーター上ガッテクル!!」

慌ててふたつある内のひとつのボタンを押した。だが週末のせいか、なかなか上がってこない。

ヤバイ、このままだと警察と鉢合わす。……どうする!?

「コッチ、コッチ!!」

元さんが非常階段の方へ手招きする。非常口を開けて、一気に13階を駆け下りる！

「ハァ……ハァ……」

ビルの入口に警察がいないことを確かめ、一目散に外に走った。町中に出る。ここまで来れば大丈夫だろう。

空を見上げると、先ほどの騒がしさが嘘のように、いつもと同じ香港の街があった。

枕嬢はバックパッカー

香港に来て2か月が経った頃、新しい女の子が来ることになった。私と同じ寮を使うので、オーナーが一足先に私に連絡をしてきたのだ。

はじめは私も湾仔《ワンチャイ》の寮だったが、途中から店の近くの寮に移ったのだ。寮は高層アパート1室の3LDK。この時、私はひとりで住んでいた。湾仔の寮に比べると新しいが、トラブルは絶えなかった。鍵が鍵穴に刺さったまま折れる、炊飯器のコンセントがショートする、昼間工事の音がうるさすぎて眠れない……。

ガガガガガガガガガガ！！！　ギュイーンギュイーン！！！

なんだ、このやかましさ……。どうやら、私が住んでいる階の外壁工事をしているらしい。一言文句を言ってやろうと思ったが、窓を開けて見ても作業員の姿は見えない。スマホのボイスメモを開き、その音を録音した。

部屋はキレイだが家賃は7000ドル（約10万円）する香港の寮。

「オーナー、聞いてくださいよ！」

オーナーの藤田さんが店に来ていたので呼び止めた。藤田さんは普段、東京でバーを経営している。香港には2か月に1度、酒を仕入れるためにやって来る。

「工事の音がうるさすぎて……、昼間全然眠れないんすよ」

「そんなにうるさいの？」

「マジです」

ガガガガガガガガガガガ!!! ギュイーンギュイーン!!!

録音していたボイスメモを開く。

「うわ! これはヒドイな」

「ですよね!?」

「ちょっとこれは……、何か対策を考えるよ」


「アユミサン、コレ、オーナーカラデス」

後日、マネージャーの元さんから渡されたものは、かなりでかめのヘッドフォンだった。

「なんすか、これ?」

「チョット、ワカリマセン」

その日の夜、オーナーからLINEが来た。

「拳銃を撃つときに着けるイヤープロテクター、寝る時に使って!」

どこで買ったんだ、そんなもん!!

半信半疑でもらったが、これが物凄い効果だった。

シ―――――ン(ガガガガガガガガガガ!!! ギュイーンギュイーン!!!)。

ものすごく遠くのほうで工事の音が聞こえる。すげぇ!!

だが、それを着けていない時の騒音は相変わらず地獄だった。常に部屋でザック・ワイルドがギター弾いているような？　ザックは好きだが寝ているときはさすがに辛い。

そんな部屋にもうひとり住むだと？

「どんな子なんですか？」

「加奈ちゃんていう26歳の子で、これから世界一周に行くらしいんだけど、旅に出る前にうちで稼ぎたいんだってさ」

ちょっと意味がよくわからないけど、旅人ということはバックパッカーか。

何を隠そう、私はバックパッカーがあまり好きではなかった。以前はそういう旅を楽しんでいた時期もあったが、沖縄のドミトリーで金を盗まれて以来、信用できなくなったのだ。以来、どんな宿に泊まる時も必ず個室に泊まるようにしている。

しかし、いざ彼女が来ると意外と楽だった。まったく気を遣わなくて済んだのだ。

加奈ちゃんは、ザック・ワイルドのギターが鳴るなか、ドアを開けっ放しにして爆睡していた。私が自炊をしようが風呂に入ろうが一切起きない！　コイツぁすげえや。

さらに、加奈ちゃんはあまり部屋にいなかった。もっとお金が欲しいと言って、日本人経営の弁当屋でアルバイトをはじめたのだ。加奈ちゃんが部屋に帰る日は減っていき、顔を合わすのは店だけになっていた。

一体、どこに泊まっているんだろう。

別に興味はないが、なんとなく怪しい匂いがする。それがわかったのは、彼女が新しいワンピースを着てきた時だった。

「加奈ちゃん、そのワンピースカワイイ！」

出勤してきたリナさんが気づく。

「佐藤さんに買ってもらったんです～」

佐藤さんとは客のことだ。言われてみれば、加奈ちゃんは世界一周のためにお金を貯めなきゃいけないはずなのに、よく買い物をしていた。新しいブランドのバッグや靴、化粧品が寮に増えているのだ。

この子、多分「枕」だな。枕嬢というのは客と寝て店に呼ぶキャバ嬢のことだ。

たしかに、加奈ちゃんは枕嬢の特徴があった。

まず、服装がだらしない。汚い服装をしているわけではないが、ドレスからブラ紐がずれ下がっていたり、パンツのラインが透けていたり。そして隙がある。座敷のカラオケルームで酔っ払って中国人の客にしな垂れかかっていた。客が胸を揉んでもまったく反応しない。あー、これ絶対ヤラれるヤツだわ。

そんな加奈ちゃんを見て、店のキャストだけでなくマネジャーの元さんも心配をしていた。

「カナ、客の前で泥酔したらダメダヨ」

だが、さらに酒を飲む加奈ちゃん。そして、ベロベロのまま客とアフターへ行き、その日も寮に戻ってこなかった。

枕営業をしようと本人が良ければそれでいい。日本人コミュニティの狭さに怯え、誰ともセックスしなかった私に比べるとよっぽど逞《たくま》しいではないか。

すぐに香港を離れて、違う国へ行くバックパッカーのキャバ嬢に怖いものはないのだ。

飲食業界客、怒りのメモリー

海外の飲食業界の日本人が嫌いになったのは、香港のキャバクラがきっかけだ。

もちろん、タイにその辺の知り合いもいるし、仲の良い人もいる。だが、香港の飲食業界の客はマジでキライだった。

とにかくケチ臭い。14年前と打って変わった香港は、日本人の賃金が劇的に低下していた。もちろん私もカツカツで、食事は自炊とファストフードのみ。寮で使うトイレットペーパーなどの日用品すらも経費で買うというケチっぷり。私が住んでいた寮は新しく、生活用品がほとんど揃っていなかった。自炊のために、経費で調理器具を買ってもらえることになったのだが、なるべく多くのものを買おうとした私は100円ショップをハシゴした。鍋、フライパン、茶碗……さらに身体を洗うスポンジや歯ブラシなどの洗面用品……、私は節約の鬼となった。

当然、店の子も同じ生活のはず……が、違った。ランチのため、夕食のためだけに飲食店の客を捕まえては食事を奢ってもらっていた。

もちろん悪いことではない。だが、彼女たちは「食事を出してもらうから店に来なくてもいい」という考えなのだ。別に店に呼ばなくてもいい。だが、ヤツらは勝手に来た。

店に来ることも構わない。ムカつくのは、あの手この手を使って値切ってくるのだ。ヤツらも高給をもらっているわけではないのだろう。

いちばんドン引きしたのは、店に酒を持ち込んでいたこと。キャバクラは持ち込み料さえ払えば、酒を持ち込むのを了承している。しかし、その持ち込み料すら払いたくなかったのだろう。バッグに酒を隠し、注ぐときだけコッソリと出しているのだ。それ、飲食店でイチバンやっちゃいけないヤツだからな。

当然、アイスと水だけで売上は上がらない。しかも持ち込んだ酒を隠すために、歌いもしないのにカラオケルームに入ったのだ。

……コイツら、マジでクソだな。

そのせいで、めちゃくちゃ金を落とすカラオケ大好きな香港人の団体客が帰ってしまった。

「お客様、お金を使わないのならカウンターにどうぞ」

……私がオーナーだったらすぐにそう言っていただろう。

飲食業界客のムカつく話は他にもある。こういう時、いつも可哀想な思いをするのは、元アイドルの真美だ。

ある日、真美は飲食店の客に連れられてラーメンへ行った。真美は同伴にこじつけたく、どうにか店に連れてきた。だが、客はこういった。

「今日はお金ないからボトル降ろさないよ」

ヤツらは最低料金で飲み、さらに真美にドリンクも飲ませなかった。

私は、当然この客を無視した。だが、酷いのはこれだけではない。最低料金でラストまでいた挙げ句、

「アフター行こうよ～」

真美をアフターに誘ったのだ。

「……アユミちゃんも行かない？」

明らかに、私に助けを求める真美。

「行ってあげたいけど、私アイツら嫌いだからやめとくわ。真美も嫌だったら断ればイイじゃん」

そう言って、私は家路についた。

翌日、出勤してきた真美に聞いてみた。

「おはよう。昨日どこ行ったの?」

「……ラーメン」

真美はぐったりした表情で答えた。同伴もアフターもラーメン!?

だが、私は後に真美の真意を知ることになる。真美は飲食業界の客のひとりと不倫していたのだ。実は真美が香港のキャバで働くのは2度目だった。1度目に店で出会った男と付き合い、その男に会うためにふたたび香港に来たという。真美の男は香港の飲食業界では顔が利くヤツで、その知り合いである客を断るわけにはいかなかったのだという。

そんな真美の彼氏に一度付いたことがあるが、香港でクラブを経営しているという偉そうな男だった。真美、マジで見る目ないな……。

そんな思い出しか残っていない飲食業界客のなかで、唯一マトモなヤツがいた。はじめて付いたときに話が盛り上がり、場内指名を入れてもらった。珍しく良客に当たったのだ。そして私が香港を離れる数日前、その客から連投でＬＩＮＥが来た。

「もうすぐ帰るんだって？」

「日本に帰る前に俺とキメセクする？」

「人生なんて短いよ！」

「マジで！せっかく香港に来てるんだしね！」

……。

私はそっとアプリを閉じた。それ以来、ヤツと連絡はとっていない。

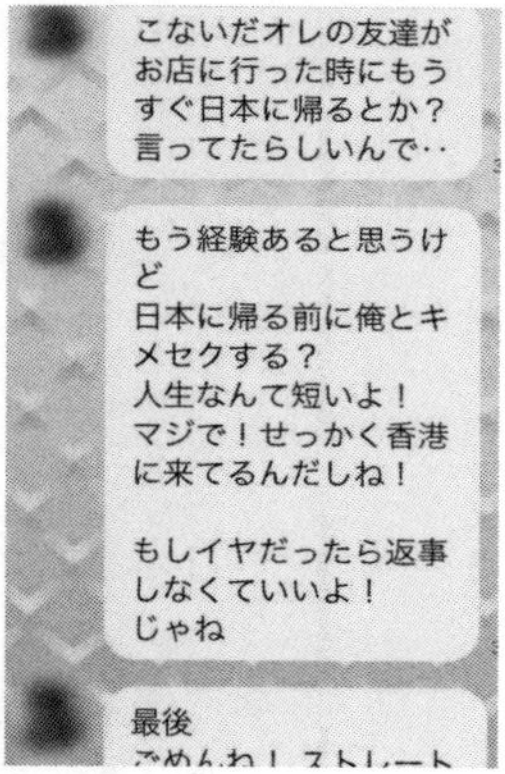

飲食店系客から送られてきたキメセクLINE。一見いいヤツだったが、人は見かけによらない。

【香港キャバクラDATA】

期間	３か月
場所	銅鑼湾
キャスト	日本人９割、香港人
給料	月給２万HKD（約28万円）
バック	客を呼んだ場合、売上の５～10%
生活費	寮費7000HKD（約10万円）／食費は自炊かマクドナルドで50HKD（約700円）／１日

※１香港ドル（HKD）＝約14円

シンガポール

SINGAPORE

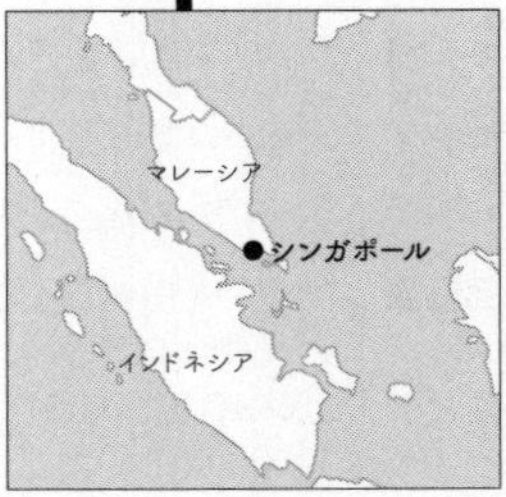

ギラギラした世界

香港で3か月の勤務を終えた私は、シンガポールにやってきた。

バンコクで知り合ったハルカちゃんが話していたシンガポールのキャバクラ。シンガポールは物価も高いのできっと稼げるはず……、そう思ったのだ。

シンガポールのキャバクラはオーチャード・ロードというショッピングエリアにあった。デパートからカラオケなど夜の店まですべて揃う中心地だ。

日給は115シンガポールドル、日本円で約1万円。それだけ聞くとすごく稼げそうな気がするが、私はシンガポールをナメていた。物価が予想以上に高かったのだ。

まず、いちばん高いのは家賃だ。寮の家賃は月１３００ドル（約11万円）。寮といっても３LDKのマンションを一部屋ずつシェアするもの。つまり部屋自体の家賃は月30万円以上はするだろう。私が払う寮費は、日割り計算すると１日43ドル（約３５００円）。給料の３分の１が飛んでいく。しかも、店まではバスで15分。夕方になると渋滞するんだよな、これが……。

高いのは寮費だけではない。タバコは入国時に持ち込めない規則があるので現地で買うしかないのだが、なんと１箱13ドル（約１０００円）！

「海外のタバコは１０００円くらいするよ！」この台詞10年以上前から聞くけど、実際に見たことなかった。都市伝説かと思っていたわ。しかも、全然美味くないんだな。葉っぱというか紙の味？　日本のメンソールはマジで世界一だと思う。

だが、さすがに１本50円もするタバコを一度に吸うのはもったいない。ひと吸いしては消して、ひと吸いしては消して……１本につき３回は吸う、秘技・シケモク！

シンガポールのキャバクラ。キャストのレベルは高かった。

ちなみに店では女子キャストの喫煙は禁止されている。営業中、トイレでコッソリとシケモクを吸う私。うーん、青春。

「税金のかからない闇タバコがインド人街に売られているらしいよ」

キャバクラの客からそんな噂を聞きつけた。何、その怪しい情報。と疑いつつも、ちゃっかり調べる。

〈シンガポール　闇タバコ〉

〈シンガポール　インド人街　タバコ〉

私のスマホの検索履歴が怪しい言葉で埋まってゆく。

「何々？　インド人街で夜中に闇タバコが売られている？　マジか……」

ひとりインド人街へタバコを買いに行った。

怪しい路地裏、タバコが売られている商店……一通り探してはみたが、全然見つからねぇ！

だが、後から聞いた話によると、ゲイラン（政府公認の売春地区）でインド人がバンバン闇タバコを売っているらしい……。クソ、そっちか！

節約したのはタバコだけではない。シンガポールは食事も高いのだ。幸い、寮の目の前にはホーカー（屋台）と深夜まで営業している食堂があった。中心地から離れているせいか値段も安い。

昼はホーカーで、チキンライスかラクサというココナッツ風味の辛麺を食べ、夜は食堂でテイクアウトできる謎の総菜（よくわからない青菜を炒めたものとチキン）。すべて１品３００〜４００円ほど。

しかし、シンガポールで見つけたなかで、これがいちばんの貧乏飯。

シンガポールのご飯は美味い。特に好きだったのは肉骨茶《バクテー》という、胡椒とハーブのスープにスペアリブを煮込んだ料理。肉の脂とニンニクの辛さが染みたスープに、付け合わせのモヤシを浸して食べるのだが、これがめちゃくちゃビールに合う!!　食べ応えのあるスペアリブも激ウマ！

シンガポールでは22時以降は酒の販売を禁止しているのだが、ビールをヤカンに入れてコッソリと提供している店も多い。肉骨茶とビールで約15ドル（約１２００円）。このセットを仕事後に食べるのが、唯一の贅沢。

シンガポールのサラリーマンセット・肉骨茶（バクテー）。ビールは中が見えないコップに入っている。

だが、私にはどうしても苦手なものがあった。それは、街の雰囲気である。キャバクラのレベルは高いし、客も金持ちばかりなのだが……、なんというか、アジアのユルさがまったくナイのだ。

「シンガポールで9か月働いています！　いつか自分で国際的な仕事をしたいです！」

明らかにパトロン探す気満々のキャバ嬢と、

「シンガポールは今もっとも勢いが〜〜」

ヘネシー片手に語る、やたら日焼けしたオッサンと。2000年初頭に、歌舞伎町のキャバクラでよく飲んでいたバブル集団を見ているようでちょっと引く。その中で、ひとり明らかに浮いている私。

「シンガポールのどこがそんなに良いんですか？」

質問を投げかけると、「何言ってんだコイツ」という視線が刺さる。

結局、それ以上の追求をやめた。当然、店で友だちなどできるわけもなかった。

スナックで本領発揮!?

住みづらいと感じていたシンガポールだが、唯一楽しみにしていたことがあった。

私の真骨頂「夜遊び」である。バンコクの店のナオちゃんからいろいろとクラブ情報を聞いて、それだけを楽しみにしていたのだ。

「マリーナベイ・サンズ（※）のクラブは超楽しいから絶対行ってみて〜！」

（※）**マリーナベイ・サンズ**　かの国民的アイドルが登場する携帯電話のCMで使われたことから一気に有名になったリゾートホテル。世界最大級の屋上プール（インフィニティプール）がウリ。

なんてナオちゃんに言われていたが、絶対高い。なるべく自腹で行きたくなかった私は客に連れて行ってもらう作戦に出た。

だが、店では接待、接待と、とても言える雰囲気ではナイ。

「今日のゴルフが……」

「今度、○○の取引が……」

こんな感じの会話が飛び交う。まったくわからない会話にニコニコと相槌を打ち酒を作る。ハッキリ言って眠い。

だがある日ついに、単身で飲みに来ている駐在員の客に着いた。

「クラブ行きたいんですけどー、どこかオススメの箱ありますかぁ？」

待ってましたとばかりにクラブの話を振る。

「もう歳だから、全然行ってないよー。夜は眠くなっちゃうんだよね……」

……シンガポールの駐在員は疲れているようです。結局、クラブの会話をしたのはこの１回きりである。

「アユミちゃん、ちょっと系列にヘルプ行ってもらってもいい？」

店がヒマな金曜日、ふいにマネジャーに声を掛けられた。時計を見ると22時半。待機場所では、

10人のキャストが1時間以上も待機している。まぁ、このままヒマしてるよりはイイか。

マネジャーに連れて行かれたのは系列のスナックだ。カウンター越しにはカラオケのモニターがあり、店中に歌声が響いていた。普段働いているバーカウンターとBOX席しかないキャバクラとは、かなり雰囲気が違う。

実はスナックって働いたことナイんだよな。立ちっぱなしだから疲れそう、というイメージだが……。

「ドリンク飲んだらバック出るから頑張って！」

ん、ドリンクバック？

「1杯7.5ドルだから！」

そう、シンガポールのスナックにはドリンクバックがあるのだ。キャバクラでは、客と同じボトルを飲むことが多いのであまり頼めなかったが、スナックなら頼みやすそう。しかも7.5ドル(約630円)。俄然やる気が出てきた!!

「で、闇タバコを買いにインド人街に行ったんですけど～……」

「君、面白いねぇ！なんか飲みなよ！」

普段の10倍のマシンガントークをする私。7割の会話が先ほど書いたシンガポールの悪口だけど。ドリンク飲めるならいくらでも盛り上げるよ！

それにしても……、スナックって意外と楽しいかも。会話もカタくないし、キャバと違って空気読んだり敬語使ったり、客同士の仕事の会話を聞いて「私、わかってますよ～」風に頷かなくてイイし。そして、今までママって怖いイメージあったけど（それがあって働いたことがなかったんだけど）、意外と優しい。

「ありがとう～、助かったわ」

気づいたら7杯も飲んでいた私は、久しぶりに仕事をした充実感に満たされていた。

もしかして、スナックのほうが向いてたりして。

さらば、シンガポール

このままでは給料をもらう前に死んでしまう！

シンガポールのキャバクラで働いて早1週間。ついに金が尽きた。

「シンガポールではどれくらい働くの？」

「まだ決めてませんが、そろそろ帰ろうかな（笑）」

「えー！　じゃあ次来てもいないってこと？」

「そうっすね……」

店では、時々こんな会話が繰り返されていた。長期間いないキャバ嬢なんて何の価値もない。連絡先の交換どころか同伴やアフターにもつながらない。嘘でも半年とか言っておけば良かったかな。

だが、このまま自腹で生活したら、1か月も経たないうちに金が尽きるだろう。香港で血と涙の滲むような思いをして稼いだ金が不味いタバコ代に消えることだけは避けたい。私は、物価の高い国は嫌いなんじゃー！

シンガポールのキャバ嬢たちは逞しい。毎日、同伴とアフターで食費を浮かせる嬢。外出はすべて客と一緒に出掛ける嬢。寮費を浮かせるために、客の家を泊まり歩く嬢。日用品ををすべて客に買わせる嬢……。だが、そうでもしないと、日本人キャバ嬢はシンガポールで暮らしていけない。香港でもそうだったように、物価の高い国ではこれが当たり前だ。ハングリーでなければ、この国では生きていけないのだろう。

それが理由なのかは定かではないが、シンガポールのカラオケは日本人でも働けるという。カラオケ店にスカウトされたという店のキャストが「給料いいなら働いてみようかな」と話しているのを聞いた。連れ出しがあるのはローカルカラオケだけで、日本人向けのカラオケ店にはないというが、そこまでしてシンガポールに住みたい理由が私にはまったく理解できなかった。

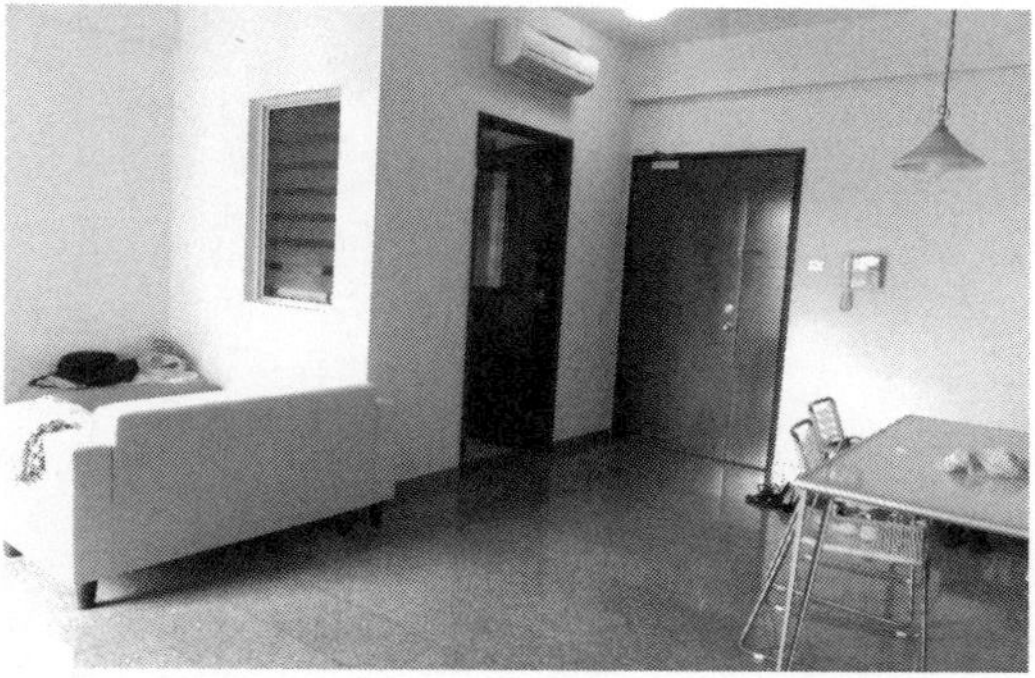
シンガポールの寮は３LDK。２人暮らしのはずなのに、リビングには誰のかわからない洗濯物がずっと干してあった。

寮にあるプール。結局、一度も泳ぐことはなかった。

一見華やかでキレイなイメージのあるシンガポールだが、蓋を開ければそうでもない。
ある日、飲み過ぎたキャストが酔いつぶれて店のトイレで寝ていた。それを見た店のマネジャーは激怒。翌日、そのキャストを呼びつけて皆の前で説教をしていた。

話を聞いていると、以前も店のトイレで酔いつぶれて寝ていたキャストがいたそうだ。その時は営業中だったため、しばらくそのキャストがいないことにマネジャーも気づかなかったという。営業後、マネジャーがトイレを見ると、寝ていたキャストの衣類は乱れ、側には使用済みのコンドームが落ちていた。レイプされたかは定かではないが、「そういうこともあるから気をつけろ」とマネジャーは言った。

ゴミひとつ落ちていないと聞いていた街は、ゴミ箱の周りはタバコのポイ捨てだらけ。見た目だけカッコつけてても、中身は他のアジア国と大して変わんねーぞ！

ああ、悪口が止まらない。唯一、誉めるなら食べ物が美味かったことかな。

＊＊＊

1週間後――。

「さて、給料給料っと……」

散々悪口は言ったけど、もらえるもんはもらっとくよね。なんだかんだ言ってスナックでドリンクも頑張って飲んだし、多少は入ってるだろう……。

鼻歌を歌いながら口座を見ると、寮費を引かれた給料が5万円入っていた。

……。

5万！

1週間で5万！　1か月働いたら約20万。マジで、シンガポールのキャバ嬢どうやって生活してんだよ……。

１週間しかいなかったが何の未練も残らなかった。

マジでサヨナラ、シンガポール。もう二度と来ることないけど！

キャバクラの待機所。客に付かない時はこの別室で待機する。

【シンガポール・キャバクラ（&スナック）DATA】

期間	1週間
場所	オーチャード・ロード
キャスト	日本人10割
給料	合計約5万円 日給115SGD（約1万円）
スナック時給	35SGD（約2800円）
バック	指名バック20SGD／ドリンクバック7.5SGD／同伴バック30SGD
生活費	寮費300SGD（約25000円） 食費はホーカー、食堂で10SGD（約850円）／1日

※1シンガポールドル（SGD）＝約81円

カンボジア

CAMBODIA

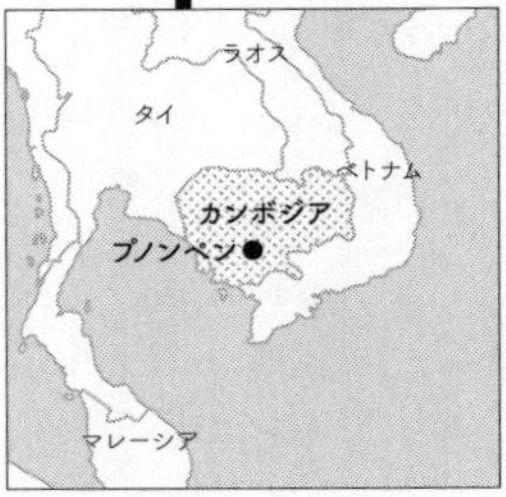

貧乏脱出を目指し、北へ…

プノンペン国際空港に到着すると、人混みと砂埃の匂いが鼻をついた。香港とシンガポールで貧乏生活を嫌というほど味わい、私のライフはもうゼロ寸前。ユル～イ生活に戻るべく、北へ北へ進み……やってきました、カンボジア！

さかのぼること5日前。私は友人の美月に会うためにマレーシアの首都・クアラルンプールに滞在していた。美月は海外のホテルでマネジャーを勤めるキャリアウーマンだが、裏の顔は世界中のゲイバーを飲み歩くことが趣味の変態である。

マレーシアに来て、夜は美月と飲み歩いていたが、昼間は特にやることがない。ヒマをしていた私は日本人キャバクラの情報を探していた。

マレーシアにおける外国人就労ビザの取得は年々厳しくなっているという。学歴は大卒・短大卒以上、年齢は原則として27歳以上、最低基本月収約15万円以上など……。この国にキャバクラなんて絶対ナイナイ！　そう思っていたのだが……。

「あるよ、キャバクラ」

あるの!?

美月の話によると、日本人コミュニティーの飲み会を通じて、キャバクラで働く日本人と知り合ったという。

「でも、その子たち学生だけどね。あと日本人はふたりしかいないみたい」

学生！　そりゃそーか。さすがにビザ無しで働けるほど甘くなさそうだしな。調べていくうちにわかったのだが、日本人キャバクラというより、カラオケラウンジで日本人女子を雇っているような感じらしい。

「それはさすがに働けないだろうなー」

「まぁ、無理だろうね」

ディープな廃屋キャバクラ

こうして次に見つけた働き先、それがカンボジアのプノンペンである。前回同様、求人サイトから問い合わせると、すぐに店のママからＬＩＮＥのテレビ電話で面接を受けることとなった。面接は簡単なもので、働く期間や給料の説明をされた。

期間は２週間。理由は以前プノンペンに行った時に、街が狭くあまり遊べそうなイメージがなかったからだ。まぁ、気に入ったら延長しようかな。

空港に到着して30分。待てど暮らせど、送迎に来るはずのチーママは現れない。到着時間は事前に伝えておいたはずだが……。

「すみません、渋滞にハマってしまって……。もう少しお待ちください」

ＬＩＮＥが入ってから更に20分、

「お待たせしてすみません!!」

やっと迎えに来たチーママは、私よりも少し若い人だった。まあ、そんな年まで異国で働こうなんて、きっと似たところもあるだろう。舐めるわけではないが、とりあえず丁寧に話そうと思った。

「チーママの香苗です。よろしくお願いします」

面接をした店の共同経営者のママは、普段は日本にいるという。プノンペンでは、チーママの香苗さんが店を見ているそうだ。

「大変ですね～。女の子は何人いるんですか？」

「アユミさんを入れて３人です。明日、もうひとり来ます」

「結構、少ないですね」

「いつも３～５人くらいですよ。昨日からミユちゃんという子が食あたりを起こしちゃって、昨日は私ひとりで店を開けました」

「じゃあ今日もひとりで？　私、入りましょうか？」

「今日はお客さんも少ないと思うので大丈夫ですよー。明日からお願いします」

ひとりで営業ってどんな店だよ……。すでに漂うディープ感に若干身構えたが、今日はお言葉に甘えて休むことにした。

渋滞に埋もれて１時間。店のあるトンレバサック地区に着くころには、辺りはすっかり暗くなっていた。

「マジかよ……」

店を見て思わずつぶやく。

店というより、むしろ洋館。周辺には何もなく、廃屋のような洋館が堂々と建っていた。1階の窓から見える店内は、とても営業しているようには見えない。

「1階は、前に入っていたレストランが潰れて今は空いてるんです。店は2階で、3階と4階が寮になっています」

プノンペンのボーイ・コミちゃん。孤児院を作りたくてカンボジアに来たという聖人。

営業前の店内に案内される。赤を基調とした30坪はありそうな店内。中央には円形のカウンター、更にBOX席が6席。雰囲気をいうならSMバー？ てか、これで女の子3人って絶対足りないでしょ！

「そんなに混むことないから大丈夫ですよ～。女の子少ない時は、お客さんはカウンターに座ってもらってるし、ボーイも接客しますから（笑）」

そんなことを話しているとボーイがやってきた。名前はコミちゃん。歳は27歳と若く、性格の良さそうな好青年。とてもカンボジアのキャバクラでボーイをやるタイプには見えない。

コミちゃんに私のクソ重いスーツケースを持ってもらい、寮の部屋に案内された。12畳ほどの部屋には、真ん中にベッド、その前にはデスクが置かれたシンプルな部屋だ。

「ここをまっすぐ行ったところにイオンがあるから、買い物はそこへ行ってください」

部屋に荷物を置いて、言われた通りにイオンへ行ってみた。低い建物ばかりのプノンペンの街で、イオンだけが明らかに浮いている。すぐ近くはスラム街だ。

プノンペンのスラム・ブッディン地区。住民は大人しい印象だった。

シャンプーやコンセントの変換プラグなど一通り、買い物をする。プノンペンは雨季。毎日のように雨が降るので虫よけは必須だ。購入したのはコンセントに挿す虫よけプラグ。寝る時にも使えるのでオススメです。

部屋に戻ると、ビールを飲んで爆睡した。よほど疲れていたのか、翌日の夕方、香苗さんからの電話で目が覚めた。

「よく眠れましたか？　お弁当来てますよ〜」

賄《まかな》いとして、近所の日本食レストランで毎日お弁当を頼んでいるらしい。この日のメニューはカツ丼。まさかカンボジアでカツ丼が食べられるとは思ってなかった。これは嬉しい。

店の女の子とボーイのコミちゃんは、全員この建物の寮

左／プノンペンの寮。洗濯機は共同で、使う時に洗濯物が入っていたら、干さなければいけないという謎ルールがあった。
右上／寮の部屋。部屋ではネットで日本の動画ばかり見て過ごしていた。
右下／店と寮共同のキッチン。部屋で飲むビールを冷やすだけの場所。

に住んでいる。各部屋にシャワーとトイレは付いているが、キッチンは店のキッチンを共用。洗濯機や洗濯物を干す部屋も共用だ。男女がひとつ屋根の下……、合宿みたいでちょっと楽しそうじゃないか。

店の料金は90分30ドル（＝USドル、約3000円）でボトル代は別。キャストの日給は35ドル（約3500円）。営業時間は20時〜2時までとなっているが、超えると1時間6ドルの残業代も出る。

そして初出勤。結論から言うと、エライ目に遭った。

テキーラ大好きなオジサンが来て、ひたすらゲームしてはテキーラ一気の繰り返し……。

この日のキャストは私と香苗さんのふたり。だが、香苗さんが途中で潰れて戦線離脱！　途中、コミちゃんも手伝ってくれたが、テキーラ祭りは朝の４時まで続いた……。

「もう飲めん……」

重い足取りと頭でベッドに倒れこむ。テキーラのドリンクバックで稼げたから良かったものの、初日からプノンペンの洗礼を受けることとなった。

クセ者揃いのプノンペン客

プノンペンの客はクセ者揃いだった。駐在員の客はほとんどなく、個人で仕事している人が多いせいだろうか。

チャラい白メガネをかけているから、フッくんと名付けた推定55歳のオヤジは、ほぼ毎日飲みに来る常連客。フッくんのお気に入りには、食あたりで休んでいた27歳でギャルのミユちゃん。今時、珍しい黒ギャルで天然キャラ。バブル世代のフッくんにドンピシャなのだろう。相当、お気に召していたようだ。

「ミユ〜、ヤラせてよ〜〜」

５分に１回は、そう言ってミユちゃんの太ももを撫でるフッくん。うわぁ…（ドン引き）。

フッくん（前列真ん中）の誕生日パーティー。フッくんオキニのミユちゃん（後列真ん中）、後列右は香苗さん。

まぁ毎日来てくれる常連だし、フッくんは別に悪いヤツではない。

そんなフッくんの横で、涼しい顔で飲んでいるのはハマ(顔がハマ・オカモトに似ているから)。年齢は30歳。一見、オシャレな駐在員で「自称金持ち」だが、実は超がつくほどのドケチ。フッくんの元部下らしいのだが、ハマが自腹で飲んでいるのを見たことがない。フッくんがいる時にしか来ないヤツ。

さらに、フッくんが会計して帰った後も「あと1杯だけ飲ませてよ」とフッくんのボトルを飲み続けるハマ。いや、上司が帰ったなら帰れよ！

一度、しつこくハマから「アフター行こうよ」と誘われたことがある。行き先はなんとカジノ。

「ほら、アユミも賭けなよ！」とチップでもくれるのかと思いきや、ハマはひとりでバカラをはじめた。そんなハマの様子を隣で見つめるだけの私。クッソ、帰りてぇ……。

結局、バカラを見つめるだけでこの日は終わった。この日以来、私の中でハマはブラックリスト入り。

プノンペンで病む

クセ者だらけかと思いきや、プノンペンは超大金持ちの客もいる。シンガポールで保険会社を経営している大社長とか、某自動車メーカーのお偉いさんなど、客層は幅広い。しかも外国人客も多い。

タダでさえキャストが少ないのに、外国人客に何時間も付いていたらそりゃ疲れる。私の翌日に入店した22歳のユウカちゃんは、私よりも英語が喋れなかった。ひとりで外国人客に2時間も付かせられ、ひたすらニコニコするしかなかったという。

そしてオーナーの方針なのかは知らないが、客が居続ける限りは営業するスタイル。一応、残業代は出るけど、この国に風営法なんてものはない。さすがカンボジア！

とはいえ店は一応、深夜2時までの営業となっている。自分が接客していた客が帰れば、早上がりもできるのだが……。店の上に寮があるので店内でカラオケをしようものなら、部屋までガンガン聞こえてくるのだ。

「テメェ!!」

水銀が入りまくりという噂の貝料理。味は美味い。

「なんだ!? コノヤロー!!」

仕事を終えて部屋で寝ていると、下からコントのような怒号が聞こえてくる。時刻は朝の4時。

「ウルセーぞ!! コルァ!!」

床ドンしたら収まったが、マジで朝っぱらから迷惑な客どもだ。

こんな生活をしているので、身体的に病むまでに時間はかからなかった……。一度寝ると死んだように眠ってしまう。

「なんか、壁に蛾のような虫がいる……」

部屋の壁に張り付いた大きな虫。気持ち悪いけど動いたら嫌だな、と思いつつその日は爆睡した。翌朝も、その次の日も虫は動く気配がない。しばらくして気づいたのだが、よく見るとそれは壁の一部が剥がれていて中のコンクリートが見えているだけだった。どうやら幻覚が見えるほど疲れていたらしい。

「仕事したくねーなぁ……」

イオンの近くのスラム街を眺めながら、貝料理をツマミにビールを飲む。仕事前の唯一の至福の時間。

「プノンペンの貝は川の水銀まみれだから病気になるよ！」

客からの厳しいツッコミ。

あれ、私の人生もうちょっと楽しくてもいいんじゃない？

香苗さんという女

この営業時間のせいなのか、店の女の子は短期で働く子が多かった。

食あたりしていたミユちゃんは１か月、私の１日後に入店したユウカちゃんは１週間の勤務だ。

その中でチーママの香苗さんは、店のオープンから働いており、もう２年になるという。

「香苗ちゃんって、なんでプノンペンに来たの？」

はじめて来た客は大体こう聞いた。

「大学の時にボランティアで来て、そこで気に入ったから住もうと思ったんです！」

「え？　この街のどこにそんなに惹かれたんすか？」

そう聞きたかったけど聞けなかった。だってプノンペン、マジで何もないんだもん。

だが、香苗さんの働きぶりはすごかった。毎日20時から深夜まで働き、店が休みの日曜日は客とゴルフや飲み。プライベートの時間など、ほぼナイのではなかろうか。

うーん、何か理由があるに違いない……。

余計な詮索をしつつ、何も聞けないまま2週間が過ぎた。そして、ついに最後の出勤の日を迎えた。

「香苗さん、チュナンダイの店ってどこにあるんですか？」

チュナンダイとはカンボジアの鍋料理だ。その存在を知ったのは数年前。知り合いのライターがカンボジアで食べて「激ウマ！」と言っていたのだ。日本でも探したが見つからず、次、カンボジアに来たら絶対に食べようと思っていたのだ。プノンペンに2年もいる香苗さんなら、知っているかもしれない。

「知ってるよー、最後の出勤だし一緒に行こうか？」

ついに、香苗さんとふたりで飲むチャンスが来た！

早速、トゥクトゥクで連れてこられたチュナンダイ屋に入る。野菜や肉が入った皿が次々と運ばれて来る。この中から鍋に入れた具材が会計されるらしい。なかには白子のような牛の脳味噌もある。とりあえず全部入れてみることにした。きのこ、白菜、青菜、魚と肉のつみれ、揚げ湯葉、牛肉に生卵を混ぜたもの……。

はじめて食べたチュナンダイは、ウワサ通り激ウマだった。ダシの効いた牛モツベースのスー

カンボジアの激ウマ鍋料理・チュナンダイ。具は最初にすべて運ばれて来て、
食べたトレーだけを会計する。右下の皿は牛の脳味噌。

プに、野菜に甘みと旨味が染み込む。コクとほんのり甘みのあるスープは、まさに牛の宝石箱や！　一見グロい牛の脳味噌もなめらかで激ウマ!!

これはビールに合うわ〜。

さて、女同士で酒ときたらやはり話す内容は「恋バナ」である。

「誰かお客さんでイイと思う人とかいます？」

ふたりとも毎日店にいるため、対象相手が店関係なのが悲しいところだが。

「ボーイのコミちゃんは、めっちゃイイ子ですよね〜」

正直、私の中では客でイイ男はひとりもいないので、必然的に従業員の名前を出すしかない。

「コミちゃんはナイなー」

「マジすか？　オーナーは優しいと思うけど、ちょっと謎が多そうですよね〜」

「……」

ふと、香苗さんは口をつぐんだ。

「どうしたんですか？」

「私、実はオーナーと付き合ってたんだよね」

キター――‼

「それで……チーママに？」

「うん。でも、もう別れたから辞めたい」

話はこうだ。香苗さんは、大学生の時にプノンペンに小学校を建設するというボランティアで来た。卒業後は日本で就職したが、しばらくして転職を考えたという。

転職活動中、休みがあった香苗さんは大学時代のボランティア仲間に「プノンペンで完成した小学校を見に行こう」と誘われた。旅行ついでにふたたびプノンペンを訪れた香苗さんは、自分がボランティアに携わった小学校を見て感動したという。カンボジアでの就職を決めた香苗さんは、その後単身でプノンペンへ移り、ツアー会社に就職した。その時、当時飲みに行っていたバーのオーナーと知り合い、交際をはじめたそうだ。そして、バーのオーナーがプノンペンでキャバクラを出すという話になった時、チーママとして誘われた。

今までの香苗さんの行動がすべて繋がった。うんうん、男でもいなかったらカンボジアでキャバなんてやってられないよね！

だが、店のオープンから1年後にふたりは別れたそうだ。香苗さんは店を辞めたいと言ったが、人手不足のため辞めさせてもらえなかった。

オーナーは今、日本に彼女がいるという。交際していたふたりが店をはじめて別れる。夜の世界ではよくある話。だがここはカンボジアだ。たとえひとりになったとしても、周りに相談できる人間はいない。客はもちろん、日本人が少ないこの街では。だからこそ、今日でいなくなる私に話したのかもしれない。

「このままいても報われないよね」

香苗さんがつぶやく。最後に私に話した気持ちが、少しわかった気がした。

【プノンペン・キャバクラDATA】

期間	２週間
場所	トンレバサック地区
キャスト	日本人３人、ボーイひとり
給料	日給35USD（約4000円）＋残業代（6USD／1h）
生活費	寮費無料、賄い付き、タバコ1.3USD／１日

※1ドル（USD）＝約105円

ベトナム

VIETNAM

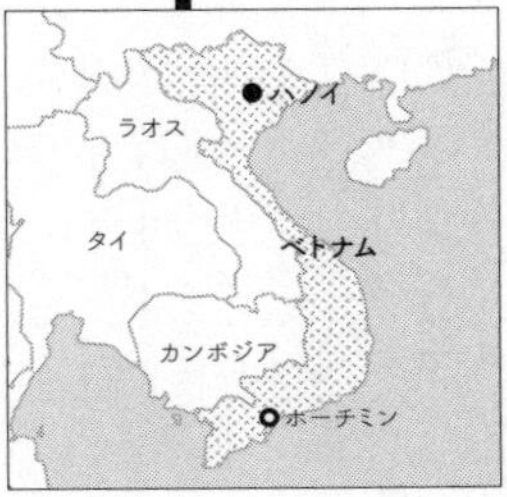

ベトナム最後の未開の地のガールズバー

アジアのキャバクラ放浪で最後にやってきたのは、ベトナムのハノイ。これで、ついに日本人キャバクラのあるアジアの国、全制覇！　イエーイ！

謎の達成感に包まれながら、空港に降り立つ。ベトナムは旅行で何度か訪れたことはあるが、ハノイははじめてだ。

「なんじゃこりゃ……」

以前、訪れたマクドナルドやスタバや高島屋のあるホーチミンとは打って変わった街並み。見たことのない路面店ではZARAやH&Mが売られている。肩パットがガンガン入ったひとつボタンのジャケット、昭和の芸人が着てそうなデカデカとイニシャルが入ったニットではなくセーター……。これはZARAじゃない！

しかも10月というのに寒い。夏服しか持ってきていないけど、さすがにこんなダサい服着られるか!!

ここは本当にベトナムの首都なのか？

何はともあれ、ハノイのキャバクラ……ではなく、ガールズバーで働くことになった。

なぜガールズバーなのかというと、この時、ベトナムにはガールズバーしかなかったのだ。なんでも、系列のラウンジがホーチミンにオープンする前なのだとか。

衝撃的だったハノイ・ファッション。服を買うことは一度もなかった。

「本当は今月オープンって聞いてたんですけど、延期してるみたい。それまでハノイで待つことになったんですよね」

そう話すのは、同じ寮に住むカオリちゃん。ホーチミンに行く予定で来た日本人の女の子数人が、ハノイの店で待機しているらしい。

その数、なんと5人。

店にはベトナム人のキャストも5人ほどい

リゾート風の内装のベトナムのガールズバー。制服は店のロゴが入ったTシャツとショートパンツ。

る。彼女たちは皆、学校の授業で日本語を専攻していたらしく、日本語ペラペラ。ガールズバーなのでカウンターで接客するわけだが、さすがに10人も並ぶと狭い。

「一杯いただいてもいいですか？」

「私も」

「私も」

少し前まで苦手だったこのノリも、今ではついアツくなってしまう。レディースドリンクは1杯16万ドン（＝ベトナムドン、約８００円）、バックは4万ドン（約２００円）だ。しかも、客のボトルから飲んでもバックがもらえる。今まではカクテルやリキュール系の酒が苦手であまり飲まなかったのだが、なんとベトナムには焼酎があるのだ。種類も米、芋、麦とあり、なかでも私のお気に入りは麦焼酎のウーロン割り。少しアルコール臭がキツいが、飲みやすく美味い。ドリンクを飲むときは自分で杯数を付けるのだが、他の子がどんどん飲んでいくのを見ていると、なぜか負けてられんという気持ちになってくる。これもガールズバーだからだろうか。とりあえず、毎日の目標はキャストのなかでいちばん多く飲むこと！

さて、どうなることやら……。

ハノイのこじらせ男子たち

ベトナム人の平均年齢は２０１８年現在で31歳。これは、１９７５年に終戦したベトナム戦争でほとんどのベトナム人が戦死したからだと言われている。それゆえか、ハノイに来る日本人駐在員は20～30代前半の若い人が多く、そのほとんどが独身だった。

「俺もハノイ来る前に彼女と別れてなかっタラ、今頃、結婚してたのにな～」

「転職してなけレバ、ハノイに来ることもなかったのに……」

まるで某ドラマのように「タラレバ」を言う男子（客）たち。

ホーチミンと違い、夜22時過ぎると真っ暗になるハノイ。日系居酒屋が多いこの周りでも、深夜まで営業しているのはガールズバーのみ。ここで毎晩、男子会を広げるのがハノイのタラレバ男子たちの日常らしい。

「やっぱり、ハノイって出会いがナイよね。日本人の女の子もいないし」

「俺、最近ボルタリングはじめたの。習い事イイよ～」

日本の独女会がカワイく見えるほど、会話がおぞましい。彼らの状況が悲惨なのはよくわかる。

停電になった寮。原因はなんとオーナーの料金の支払い忘れ。スマホの充電もできず、暑い中、女の子同士で酒を飲み、タバコを吸って過ごした。

もし、自分が駐在員だとしたらハノイだけは絶対に行きたくない。ホーチミンならまだしも、ハノイは欧米企業の進出が極めて少ない。２０１７年12月に、やっとマクドナルドの1号店がオープンしたくらいだ。それ以外に飲みにも行ける店も、夜遊びできるような店も少ない。まぁ、お陰でガールズバーが繁盛しているわけだが……。駐在員たちも皆、「インドとハノイに赴任が決まったら地獄」と口を揃える。


「マイちゃんカワイイよね」

「俺はミンちゃんかな〜」

どうやら、この店で誰がカワイイかという話をしているようだ。プライベートで出会いがないのか、異性の話題もこの店のキャストになってしまう。会話の世界が狭すぎて涙出てくるわ。

だが、もっと悲惨なのは……、

「うわ〜！　日本人の女の子がたくさんいる‼」

ハノイから車で2時間、北部の港湾都市ハイフォンに住む駐在員たちだ。工業地帯でもあるハイフォンは、日系企業の工場が多く進出しているため、住んでいる駐在員も多い。ハイフォンには飲み屋がほとんどないらしく、このように週末のみハノイに遊びに来る駐在員もいるのだが……。

「普段、女の子と喋る機会なんかないから、こんなに日本人の女の子がいると、き、緊張するね」

30は過ぎているであろう男が完全にコミュ障。恐るべしハイフォン……。

同じベトナム駐在でもホーチミンとハノイでは、まさに天国と地獄。

「せめて、ホーチミン駐在になっていレバ……」

今日も男子客はタラレバを言いながら、ガールズバーの夜は更けていくのであった。

苦手なキャストの克服法？

系列のホーチミンの店がなかなかオープンしないので、ガールズバーのキャストは常に多かった。女が多いということは当然、苦手な子もできる。

「めっちゃオモロイやーん!!　あ、一杯いただいていいですかぁ？」

関西出身のクミちゃんは、積極的に客に付いてドリンクを頼む。さすが関西人というべきか。同じ客に付いていると話を持っていかれるというか……、ちょっと苦手だった。

「ちょっと、アイス取ってくれへん？」

おい、ワシ年上やぞ……と思いつつ、アイスを取る私。

さて、どうしたもんか。女ばかりの職場ではよくあること。苦手な人、コワイ人、キツい人も出てくる。女同士の問題の場合、正面からぶつかっても揉めるだけ。秘策は「貸しを作ること」だ。

「明日、4人でキノコ鍋行かない？」

ふたり組の客に付いていた私とユイちゃん。ユイちゃんとクミちゃんは友だち同士で同じ寮に住んでいる。ユイちゃんに対しては特に苦手意識はなかった。

「鍋、行こうよ～！　わーい、同伴!!」

ハノイでは10年ほど前にキノコ鍋がブームになり、今も日本人駐在員の間で美味いと評判だそうだ。鶏ガラや薬膳のスープにキノコをたっぷり入れ、豚肉や牛肉をしゃぶしゃぶして食べるという。

そして翌日。

「うぅ……胃がイタイ……」

毎晩の飲み過ぎが祟ったのか、翌朝胃の痛みで目が覚めた。日本から持参した胃薬を飲んだが、まったく効果なし。キリキリと込み上げる痛みを抑え、欠勤の連絡を入れる。ついでにユイちゃんにも連絡をすることにした。

「ユイちゃん、ごめん。今日、胃痛で出勤できなそうだから鍋キャンセルするわ……。代わりにクミちゃんと行ってきて～」

『貸しを作る』＝『同伴を譲る』。

しばらくして、知らないアカウントからLINEが来た。クミちゃんだった。

「アユミちゃん、胃痛大丈夫？　同伴、私が代わりに行ってもいいの？」

「全然、大丈夫だよ～！　今日は店休むわ……」

「ありがとう！　アユミちゃん、お大事にね」

この日以来、クミちゃんは私に優しくなった。苦手な同性の克服法、それは相手に優しくすること。

ちなみに胃痛は薬局で買った胃薬を飲んだら2日ほどで治った。翌週、違う客とキノコ鍋同伴にリベンジ。は

店近くの食堂のフォー。上に乗っている豚の血を固めたレバーは、食べると肝炎になる、駐在員の間で噂になっていた。

じめて食べたキノコ鍋は絶品だった。特にスープが美味く、例えるならとんこつラーメンやフカヒレスープのような濃厚さ。そこにキノコの渋みと肉の油とコクが染みわたり、何杯でも食べられる。このスープ、水筒に入れて持って帰りたいわ……。

「絶対、味の素入れまくりだよね」

おい、感動を返せ。

たしかに中毒性のある味だが激ウマ。ハノイに行ったら是非、「ASHIMA（アシマ）」のキノコ鍋を食べてみてください。

店内恋愛は酒の肴

海外キャバクラに来る子は大きく3つに分かれると思う。

①日本からなんとなく来た子

これは最も多いのではないだろうか。特に目的はないけれど、なんとなく海外で働きたいタイプ。私もこれに近いかな。

②現実逃避系

漠然とした将来への不安を抱えながら、なんとなく海外に希望があるんじゃないかと夢見て来るタイプ。シンガポールや香港など、物価も高くバブルな国に多い。

③男目的や男絡みで来る子

プノンペンの香苗さんや香港で出会ったアイドルの真美とか。日本円にしても大した貯金にもならないのに長期でズルズルと働いているタイプに多いと思う。

ハノイの店のオーナー兼ママは、日本でもガールズバーを経営しているため、1か月毎に日本とハノイを往復していた。なので、普段の店の経理や管理は男子マネジャーに任せている。

「ハァ……」

マネジャーをしているユウジさん。よく飲みに来ているのだが、この日はヤケに浮かない顔をしていた。

「何、落ちてんスか（笑）」

「カズミとケンカしたんダヨネ〜」

私の問いかけに、ベトナム人スタッフのリンちゃん答える。

営業前に自分達の夕食のゴイクン（生春巻き）を巻くベトナム人スタッフ・リンちゃん。この後、ゴイクンは皆に振舞われた。

カズミさんは元々働いていた女性キャストで、今はユウジさんと一緒に女の子の管理やマネージメント業務をしている。

「カズミさんと付き合ってるんスか？」

問いかけると、ユウジさんは重々しく口を開いた。

「誰にも言わないでね……」

ユウジさんの話によると、先週カズミさんとケンカしたという。しかもその直後、カズミさんは日本に一時帰国してしまったそうだ。

「このまま、戻ってこなかったらどうしよう……」

そう肩を落とし、ユウジさんは水割りを一気に飲み干した。

「ダイジョーブ！　戻ってクルヨ〜！」

爆笑するリンちゃん。私には理解できなかった。海外で付き合うというのは、その場だけの遊びというかセフレ感覚じゃないのか？

海外で、ずっと付き合っていこうと思う考えが理解できない。結婚しない限りは、いつか終わりが来るとわかっていて遊びで付き合っているものかと思っていた。そして、海外に彼氏がいる人の話を、どこか面白半分で「酒の肴」程度にしか聞いていなかった。

私には海外で恋愛するほどの覚悟がない。この頃、私は周りとの温度差に気づきはじめていたのかもしれない。それは海外に住み続けたいという気持ちの薄れでもあり、アジアのキャバクラにいる意味を見い出せなくなりはじめた瞬間でもあった。

ハノイでハピバ！

誕生日がやってきた。毎年、誕生日は海外旅行に行っている私が今年はハノイ……。全然おもしろくねぇ!!

そういえば何年もキャバ嬢だったとはいえ、大してバースデーイベントもやってないな。今年も何事もなく過ごそう……。なんて思っていると、突然オーナーからお声が掛かった。

「誕生日イベントは10％のボトルバックが出ます」

……なに!?

ベトナムに酒を輸入すると、特別酒税が課税される。酒税は酒の度数や種類によって異なり、2018年現在はアルコール度数20度未満は35％、アルコール度数20度以上の酒とビールにはなんと65％もかかるのだ。そのためガールズバーで出している焼酎などはキャバクラ並みに高い。

ベトナム滞在時はベトナム産以外の酒は飲むなということだ。

たとえば、ドンペリの白（免税価格約16000円）ならば税込みで約21000円で輸入される。ガールズバーでの販売価格は7777000ドン（約38500円）。これを私の誕生日の祝いで入れてもらった場合、約3850円のボトルバックがもらえるのだ！　これは乗るしかなかろう！

「アユミちゃん、おめでと――――!!」

皆の協力もあってシャンパン入りまくり♡

「バースデー！　バースデー！　バババババババースデー!!」

さすがベトナム、コールが古い。まぁ、なんだかんだ言っても楽しい誕生日だ。

その日の帰り、ベトナム人スタッフのリンちゃんに連れられて飲みに行った。誕生日だからというわけではなく、以前からハマグリの美味しい店に連れて行ってもらう話をしていたのだ。ローカル感たっぷりの食堂の外で、オッサンがハマグリの殻をむいていた。低めのテーブルを4人で囲み、ビールを開ける。皆、さっきまでシャンパンを飲みまくっていたのが嘘のような強さである。

運ばれてきたのは、タニシとハマグリのレモングラス煮、そして豚の軟骨唐揚げ。ともにビールとよく合う。

「リンちゃんは彼氏いないの？」

普段、店では聞けないことを聞いてみた。

「日本人の彼氏イルヨ～。前は店に来てたケド、今は日本帰ったネ」

「カオリちゃんは？」

「私は、香港にいる～。前、香港のキャバクラで働いていた時に知り合ったんだ。ハノイの後はまた香港に戻る予定」

ハノイではハロウィンイベントもあった。日本に比べると仮装のクオリティーは低い。

カオリちゃんのいた店は私が働いていた店とは違うようだ。カオリちゃんも現地で彼氏を作って、その国に戻るタイプの海外キャバ嬢だ。

「スアンは彼氏いないの？」

「いるヨー。来月から彼氏と一緒に服屋さんはじめる。店はシフト減らすカモ」

みんな、意外と長く店を続けるわけじゃないんだな。

「アユミは？」

「えっ？」

さすがに、何も考えずにアジアを旅しながらキャバしてますとは言えなかった。

「まぁ……、そろそろ日本に帰ろうとは思ってるよ」

日本に帰って何をするかなんて、まだわからない。

「とりあえず飲もっか。ビールもう１本!!」

ビアホイを流し込む。なんだかんだいっても、いつの間にか店に馴染んでいる。最近では仕事が楽しいと思っているくらいだ。だが、いくら居心地がいいと言っても、いつまでもいられるわけではない。

「これからどうしようかな……」

誕生日、私はふたたび人生の分かれ道に立たされていた。

海外キャバ嬢、それぞれの進路

「スアン、開店おめでとー!!」

スアンが彼氏と服屋をオープンさせた。店にはたまに出勤すると言っていたスアンだが、これからどんどん忙しくなるだろう。

そして、もうひとつの別れが。

「カオリちゃん、1か月お疲れ様でした！」

同じ寮に住むカオリちゃんが、今日で店を辞める。来週から香港のキャバクラに戻るのだ。

「後でお別れ会やるからね」

オーナーのアイさんが日本から来ていたので、カオリちゃんの送別会をすることになった。この日、はじめてアイさんと飲むことになる。

仕事が終わり、アイさんとふたりで近所のバーに向かった。

「アイさんは、どうしてハノイで店をやろうと思ったんですか？」

ふたりきりで話す機会など滅多にないので、聞いてみた。オーナーとはいえ、アイさんはまだ28歳。なぜその若さで、日本とハノイ2店舗のガールズバーを経営することになったのか。

「日本の店は妹と共同経営しているんだけどね……」

アイさんの話を聞く。学生の頃に両親が亡くなり、両親が経営していた居酒屋を妹と継いだという。だが、経営は上手くいかず、今のガールズバーに業態を変えたそうだ。

「ハノイで店をやろうと思った理由は、これから先、もっと日本人が増えていくと思ったからかな」

アイさんの予想は当たっている。現に店は毎晩賑わい、この辺の飲み屋では一人勝ち状態なのだ。

「アイさんって彼氏いないんですか？」

「いるよー、日本に」

「結婚とか考えているんですか？」

「今はまだ……。もうちょっと遊んでいたいかな（笑）」

バーに着くとカオリちゃん、そして喧嘩していたはずの男子スタッフのユウジさんとカズミさんの姿もあった。

そして、私も旅立つ日がやってきた。最後にベトナムを少し旅して日本に帰る予定だ。

「この服、もう着ないからあげる」

同じ寮の子に着なくなった夏服とサンダルを置く。結局、ほとんど履かなかったサンダル。はじめは着ていたワンピースも今はもう着ていない。スーツケースの重さはタイに来た時の3分の1になっていた。もう、荷物もそんなに必要ない。

空港までのタクシーをリンちゃんが手配してくれていた。

「タクシー、着キマシタヨ」

そう送られてきたリンちゃんのＬＩＮＥのプロフィール写真は、ウェディングドレスに変わっていた。皆、それぞれの道を進んでゆく。

タクシーの窓を開けて街を眺める。まだ早い時間のハノイは、渋滞もなく日差しが眩しい。来た時よりも少し肌寒くなった街にはジャケットを着た人で溢れていた。そんな景色をぼんやり眺めながら、自分の近い未来を考える。答えはもう、すぐそこだ。

1か月前とはたしかに違ったハノイの街並みが、そこにはあった。

【ハノイ・ガールズバーDATA】

期間	1か月
場所	ドイカン
キャスト	日本人5割、ベトナム人5割
給料	日給120万VND（約6000円）
バック	ドリンクバック4万VND（約200円） 同伴バック12万VND（約600円）
生活費	寮費無料、水道光熱費自己負担100万VND（約5000円） 食費は宅配弁当、屋台のフォーなど3万VND（約150円）／1日

※10000ベトナムドン（VND）＝約50円

第3章 アジアキャバ嬢の怪しい生活

「アジアのキャバクラで働いた」という話をすると、興味を持って聞いてくれる人が多い。どうやら、アジアで暮らすキャバ嬢の生活は怪しく見えるようなのだ。アジア経験が豊富な人にとっては当たり前かもしれないが、キャバ嬢目線であらためて見ると、何かしら発見があるかもしれない。

パタヤの屋台で大好きなクイッティアオを食べる!

タイ

沈没ジジイらが集うマンション

バンコクに住むと決めたのはいいが、どこに住めばいいのかまったくわからなかった私は、不動産屋のHPを見ながら悩んでいた。

「なんでこんなに高いんだよ……」

当時の私は、東京都新宿区の片隅に暮らしていた。１DKで家賃は10万円、広さは30平米ほど。セミダブルベッドを置いたらギリギリだったが、結構気に入っていた。

「オートロック、１DK以上、築浅、立地良し……3万バーツ（約10万円）。なんでこんなに高いんじゃ……日本と変わらないじゃん」

そう、バンコクの家賃は意外と高い。タイ人が借りられる物件は安いのだが、外国人が住めるマンションは割高だ。私は安い物件を探すべく、既にバンコクに住んでいる先人に聞くことにした。

「それなら、Rマンションが安いよ」

タイ移住歴の長い研二さんが教えてくれたのはRマンション。HPを見ると1Rで家賃7000バーツから！　おお、これは安い。しかもHPが日本語対応。写真を見ると家具が少し古そうな気がするけど、家賃も安いしとりあえず住んでから決めればいいか。

だが、この時の私は知る由もなかった。Rマンションが別名「バンコクの闇」と呼ばれていることを……。

バンコクのラチャプラロップ通りに到着したのは夜中だった。チェックイン時間を大きく過ぎていたため、足早にマンションへ向かう。

「どこだよ、ここ……」

タクシーは大通りを曲がり、人気《ひとけ》のない道を進んでいく。辺りでは野良犬の吠える声が聞こえ、心なしか運転手の顔も悪人に見えてくる。

「ツイタゾ」

タクシーを降ろされると、巨大なマンションがあった。周辺が暗いせいか、人が住んでいる気配が感じられない。とりあえずこの日はチェックイン時間を過ぎていたため、違う部屋に通された。

翌日、チェックインをするため管理室にやってきた私は、さっそくこのマンションの洗礼を受

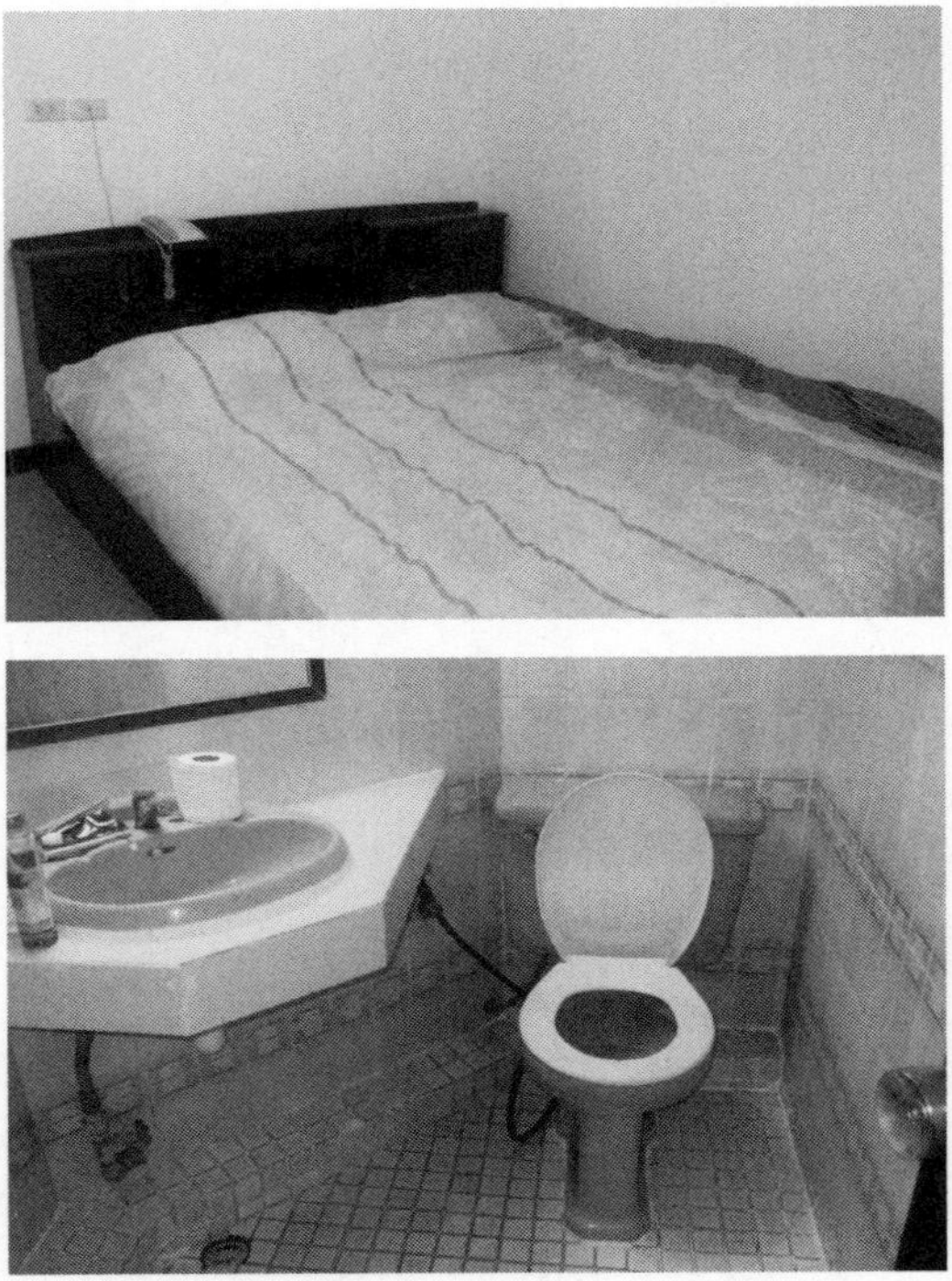

トイレの前は廊下があり、夜には酔っぱらった欧米人の奇声が聞こえる。

けた。

「君、日本人？」

ヨレヨレのシンハーTシャツに、薄汚れたハーフパンツ、日に焼けた肌からのぞく隙間だらけの黄ばんだ歯。タイに住む悪い日本人をギュッと凝縮したような小汚いジジイが立っていた。

「俺、ここの住人なんだけど、よかったら俺の部屋でマッサージしていかない!? オイルマッサージしてあげるよ！」

ジジイ、そのナンパでついていくと思ってんのか！

私が無視して、管理人の元へ行くとヤツはいつの間にか消えていた。妖怪マッサージ爺……。

結局、このジジイと会ったのはこの一度きりだ。

だが、このマンションは住めば住むほど闇が深い「沈没者が集うマンション」だったのだ。

エレベーターホールですれ違う、うつろな目をしたやたら黒いジジイ、ほぼ半裸で奇声を上げ酒を飲むイカレた白人カップル……。ワケありのヤツらばかりなので、よく事件が起きるという。盗難事件は日常茶飯事、タイ人女性を取り合っての殺人事件、プールで事故死した日本人……。まさにバンコク版・歌舞伎町ヤクザマンション。

私の周りの同業者のライターさんは、タイに住んでいた人が多いのだが、皆、一度はRマンションに住んだことがあるという。なかには2年間住んだという猛者も……。

だが、私は1か月が限界だった。理由はWi-Fiを申し込んでいたのだが、なぜかスマホでWi-Fiを繋ぐと、パソコンのWi-Fiが切れるのだ。Wi-Fi1個につき一機器しか接続できないだと？

「ここに月7000バーツは払いたくねーなぁ……」

そう思った私は、翌月引っ越しを決めた。

沈没ジジイの巣窟「Rマンション」。バンコクの闇を見たい方は、是非住んでみてはいかがだろうか。

同棲相手は駐在員

Rマンションを出た後、私が住むことになったのはサービスアパートだった。週に3日メイドの掃除、洗濯付き！　屋上にはジムとプール!!　ミネラルウォーターもタダ！　家賃は驚愕の5万バーツ（約17万円）！　高ぇ!!

なぜ、こんな良い物件に住めたのか。それは居候だからである。

Rマンションを出る1週間前、店でひとりの駐在員と出会った。自動車メーカーで働く彼の名はヨネちゃん。歳は40歳で、2週間前にバンコクへやってきたばかりだ。

日本では東海地方の片田舎に住み、嫁子どもと幸せに暮らしていたヨネちゃん。突然、バンコクに2年間の赴任が決まったそうだ。そのため、ヨネちゃんはバンコクにまったく馴染んでいなかった。

そりゃ、そうだろう。今まで嫁の美味しいご飯を食べて平和に暮らしていたのに、急遽行ったこともないアジアに住むなんて「この世はまさに大迷惑」！

「日本に帰りたい……」

まだ2週間なのにこの有様。

「えー、私がヨネちゃんの立場だったら超遊ぶのになぁ……」

普段はキャバクラすら行かないヨネちゃん。同僚に無理矢理連れてこられたそうで、どこか落ち着きがなかった。この気弱そうなオジサンに、珍しく私の中の「イイ人」が顔を覗かせた。

「面白いとこ、連れてってあげるよ」

居候させてもらったヨネちゃんのサービスアパートのプール。ジムもあり、セレブ気分だった。

休みの日にヨネちゃんを連れ出して向かった場所、それはタイの国鉄、ファランポーン駅の前に広がるゴザ酒場。タイ人の女の子が駅前の路上にゴザを広げ、ヤードンというタイの養命酒を提供する酒場である。

駐在員はおろかタイに住んでいる日本人でもあまり来ないこの場所に、ヨネちゃんはエラく感動していた。その後、行きつけのディスコに連れて行き、たった1日でバンコクのローカルスポットを制覇させたのだ。

「アユミちゃんのお陰で、これからタイで楽しく過ごせそうだよ！」

「じゃあ、もっと案内するから、私をヨネちゃん家に住ませてよ！」

こうしてちゃっかりと、私はヨネちゃんのアパートに住むこととなった。だが、当然タダで住むわけではない。ヨネちゃんがアパートで夕食を食べる日は、私が作ることが条件となった。もちろん、材料費はヨネちゃん持ち。

他にも、一緒に出かける時の食事代や飲み代まで、ヨネちゃんはすべて出してくれた。ヨネちゃんからすれば、そこまで使い道のない海外手当だったのだろうか。私からすればセレブな駐妻気分である。

だが当然、気を遣うこともある。それはヨネちゃんがゴーゴー嬢をペイバー（連れ出し）する時だ。

「ペイバーする時は言ってね！　家に帰らないようにするから」

とは言っていたが、ヨネちゃんがアパートにペイバーすることは一度もなかった。もしかするとラブホでも使っていたのかもしれない。

そして私とヨネちゃんが男女の関係になることもなかった。ここまで良くしてもらったら、さすがにこっちも一発ぐらいは覚悟していたのに。マジ、感謝。仏のような男である。

ボーイはマリファナ大好き！

アジアでは日本人の薬物中毒者が多い……気がする。特に多かったのは香港で、２章で書いたキメセク常習犯、駐在員の間ではコカインが流行っていると聞いた。

ちなみにタイのゴーゴー嬢の中では「ヤーバー」という、メタンフェタミンやカフェインを混ぜて錠剤にしたものを常用している子が多いという。ヤーバーはかなり危険なもので、中毒者のなかには命を落とす者もいる。さすがに日本人で常用している人は見なかったが。

今も昔も、マリファナ好きな日本人は多い。だが、私はあまり好きではなかった。食欲が止まらなくなって、つい食べ過ぎてしまうし、翌日の胃もたれも、あの特有の倦怠感も苦手だ。

バンコクのキャバクラのボーイである亀ちゃんは、大のマリファナ好きだった。はじめは可愛らしい顔の男の子という印象だったが、知れば知るほどダメ人間。仕事が終われば近くの日本人が経営しているバーに行き、トイレでジョイントを吹かせては立てこもっていた。なお、このバーは今は閉店している。


ある日の日曜、店が休みで暇をしていた私は亀ちゃんを誘ってみることにした。これからクラブに行くと言う亀ちゃんについていくことになったので、待ち合わせ場所に行くと、いつも以上に落ち着きのない様子の亀ちゃんがいた。

「どうした?」

「どうしよう……これからクラブに行くのにハッパがないんだ。いつものバーは今日は休みだし……」

またか、このマリファナ××××は。

「酒でいいじゃん」

私が促すと、亀ちゃんは震えるような声を出した。

「酒じゃダメだよ。そうだ、これからカオサンに買いに行かない!?」

突然、大学生のようなことを言う。

「お願い、ついてきて!!」

だが、面白そうなのでついて行くことにした。「バックパッカーの溜まり場」とも言われ、ゲストハウスやバーが立ち並ぶカオサンは、日曜日ともなるとすごい人混みだ。

「で、売人には連絡したの?」

「売人なんか知らないよ。ハッパの臭いのするヤツから聞き出せばいいじゃん!」

亀ちゃんは既にキマッているのだろうか?

たしかに、どこからともなく香ばしい臭いはするが、臭いの元まではわからない。だが、私の意見などお構いなしに亀ちゃんは人混みへと進んでいく。

「こういう路地裏のほうがいいんじゃない？」

私はすっかり亀ちゃんのペースに巻き込まれていた。

路地裏に入るとすぐに、あの臭いが漂ってきた。見るとファラン（欧米人のオッサン）が何かを口にくわえている。

「それ、どこで買ったの？」

亀ちゃんが聞くと、ファランは口から放し言った。

「これはタバコだよ」

バカだな、亀ちゃん。それはどう見てもマリファナなのだが、素直に教えてくれるわけがないだろ。結局、諦めてクラブに向かうと亀ちゃんの友だちも来ていた。どうやら、マリファナを持っているらしい。

「やったー！　ありがとう！」

嬉しそうにジョイントに火をつける亀ちゃん。そして、深く吸った後に……

ブチュッ!!

と私の口に吸いついてきたのである。

「オイ、何してんだ！」

「ごめん！　つい!!」

ハッパを吸うと誰彼かまわず行くタイプだな、コイツは……。

そんな亀ちゃんは私がタイを離れた後、問題を起こして行方不明になったと、風の噂で聞いた。詳しい話はよく知らないが、マリファナ関係ではないかとも言われている。彼の身が無事であることを祈るばかりである。

駐妻は不倫だらけ!?

駐在員と同居すると、様々な駐在員同士の噂話が入ってくる。なかでも最も多いのは不倫の噂だ。よくあるのがゴーゴー嬢と不倫して、日本にいる嫁にバレるパターン。タイ人女性は日本人女性に比べると、かなり嫉妬深い国民性といわれており、それは時に悲劇を招くこともある。

SNSでわざと不倫相手の男性と一緒に写っている写真をタグ付けし、男性の日本の家族から友人まですべてバラされてしまう……というパターンだ。

だが、それ以上に多いのが駐在員の妻、すなわち駐妻の不倫だ。よくあるのはシーローの運転手との不倫。シーローとは軽トラの荷台を改造した車で、家族で住む駐在員のアパートに一台はついている。駐妻たちはこのシーローに乗って外出をするのだが、運転手のなかには若いイケメンがいることもある。

見ず知らずの土地で夫は夜な夜な遊び歩き家に帰らず……駐妻の不満も募るなかで、優しく接してくれるシーロー運転手にコロっといってしまうこともあるのだとか。私からすれば、ゴーゴーボーイで若いマッチョを見ているほうがよっぽど楽しいと思うのだが、駐妻同士のコミュニティーもあるので、夜遊びすらできないのが駐妻の哀しいところだ。

そこでシーロー運転手の次に多い不倫パターン、それが合コンだ。駐妻の合コン相手で多いのは、タイの日本人サッカー選手。日本では聞いたこともない無名サッカー選手との合コンは、まさに駐妻の醍醐味。バンコクでちょっと名の知れた日本人経営のバーにいけば、毎晩合コンが開かれている。だが、なかにはサッカー選手と名乗り、実はタダのニートということもあるらしい。まぁ、遊ぶだけだったら誰でもいいのかもしれないが。

不倫がバレてエラいことになってしまったケースもある。ある日、同居人のヨネちゃんが興奮しながら家に帰ってきた。

「聞いて！　今、Ｆスーパーに行ってきたんだけど……」

Ｆスーパーとは、タイにある日系スーパーである。日本の食材や調味料を扱うため、駐在員や駐妻の利用者が多く、私たちも時々利用していた。

「スーパーの入口に掲示板あるじゃん？」

セール品などのチラシが貼ってある掲示板。そこでヨネちゃんが見たものは、〈この女、不倫しています！〉と書かれた紙と、シーローの運転手と駐妻の抱き合う写真。さらに、その駐妻の名前まで書かれていたそうだ。

「何それ！　超おもしろそう!!」

さっそく翌日、見に行ってみたが、すでに剥がされた後だった……。だが、貼り紙を見た人も多く、駐在員たちの間では当然、祭りのような騒ぎになっていた。後から聞いた話によると、貼り紙をした人物は写真に写っていた駐妻の夫だという。結局、写真を貼られた駐妻はタイにいられなくなり、日本へ帰ったそうだ。

バンコクでの不倫はまさに悪事千里を走る。皆さんもゲス不倫はほどほどに。

バンコク・セクハラマッサージの実態

タイならどこにでもあるマッサージ屋。60分300バーツ（約1000円）ほどと低価格なのも人気の理由だ。だが最近、マッサージ店で女性客を狙ったセクハラ被害が急増しているという。

実は私も遭ったことがある。仕事を終えた深夜2時頃、マッサージを受けたくなった私は、店の近くのマッサージ屋に寄ることにした。キャバクラがあるパッポンの近くには「有馬温泉」というマッサージ屋が有名だが、1時までしか営業していない。この日はもう閉まっていたため、別の店を探すことにした。何軒かまわり、唯一開いていたのは店前に男性マッサージ師が待機しているマッサージ屋。通常は女性マッサージ師が待機しているのだが……。

「男しかいないのか、微妙だな……」

そう思ったが、他に開いてそうな店もない。とりあえず店に入り2階に通されると、そこには個室のマッサージスペースがあった。タイのマッサージはエロ系以外の店で個室というのは少なく、大体の店が大部屋をカーテンで仕切った半個室となっている。やはり怪しい……だが、自意識過剰かもしれない。

出されたマッサージ用のTシャツとタイパンツに着替え、マッサージがはじまった。はじめはうつぶせでマッサージを受けるのだが、なぜかマッサージ師の男は足ばかり揉んでくる。しかも、お世辞にも気持ちいいとは言えないソフトタッチ。

「う〜〜ん？」

その手は徐々に上へ上がってきて、おもむろに私の尻に当たった。

「ハイハイ、そこ凝ってないよー」

手を払うが、何度払いのけても男の手は私の尻に戻ってくる。

「もう足はイイ。腰を揉んでくれ」

そう伝えて、腰をマッサージさせることに。しばらく良い感じのマッサージが続き、少し眠くなってきた頃……。背中を揉んでいた男の手が徐々に、私の胸のほうに入ってくるではないか！

「そこじゃねーっってんだろ‼」

私が怒鳴ると男は少しガッカリして、大人しくマッサージを再開した。

後から聞いた話によると、このちょっとしたセクハラが、マッサージ師のささやかな楽しみなんだという。客が応じない限り、それ以上のことはしないらしいのだが……。もしかして私、可哀想なことした？（笑）

ちなみにこのマッサージ屋は、今もパッポンで営業をしている。セクハラに遭っても、何も言わない子がほとんどなんだろうな。

パッポンのマッサージ屋は「有馬温泉」か、その隣の「キングス・ボディーハウス」！　ここにかぎる。

香港

香港における日本人女性の価値は？

２章の香港キャバクラ編でも少し触れたが、香港における日本人の賃金は低い。日本人の賃金が低いというか、香港の物価が高すぎるのもあるが。

特に夜の世界ではわかりやすい。日本人キャバクラの給料は、私がはじめて働いた２００１年に比べると３分の１に下がっていた。

では、どこの国の女性がいちばん高いのだろうか？

香港では現在、キャバクラをはじめとした夜の店がいくつかある。最も有名なのは、「夜総会」という香港版キャバクラだ。キャバクラといっても接客よりも連れ出し（セックス）メイン。働いている女性は中国人や香港人。料金は時間帯にもよるが、飲むだけであれば１時間約１０００ドル（香港ドル約１５０００円）、連れ出す場合はさらに２〜３０００ドル（約３〜４万円）。トータルで５万円以上はかかる。

ちなみに日本人キャバクラは１時間５００ドル（約７０００円）と、夜総会に比べるとはるか

香港のキャバクラで、客とイジリまくりという噂のキヨミさん（左）と。

に安い。

その夜総会よりもさらに高い店、それが韓国クラブだ。こちらも夜総会同様、連れ出しありのキャバクラで、料金は席に座っただけで約2000ドル（約3万円）！　さらに連れ出すと、プラス4000ドル（約57000円）は下らないという……。なぜ、そこまでして韓国人女性に惹かれるのか？

理由を聞くと、皆口を揃えてこう言った。

「キレイだから」

整形だろうと、キレイなもんはキレイ！

そりゃ、日本人じゃムリだわ。だが、日本人キャバクラのなかにも整形している人はいた。

「キヨミさんって、37歳に見えないですよね～」

最年長（推定37歳）のキヨミさんだ。エキゾチックな美人という感じで、中国人や台湾人客からの人気が高い。

「キヨミさん、イジりまくってるから……」

客が声をひそめる。

「え？　例えばどの辺ですか？」

「いや、ほとんど整形してると思うよ……」

よく見ると、肌が突っ張っていてシワが全然ない。例えるならマネキンのような肌質だ。さらに不自然なのは目。目頭が食い込むように切れている。鼻も異常なほど高い。横から見るとオデコ辺りから鼻が生えている。

話を戻そう。賃金順にいうと韓国人＞中国人＞日本人で、日本人キャバクラの料金は最下位。では日本人は、どこの国と同じ賃金になるのだろうか？

それはフィリピンパブ。フィリピンパブの相場は2時間で1000ドル（約14000円）程度。これは、日本人キャバクラに2時間居座り、ボトルを入れた価格とほぼ同じである。

2018年現在、香港での日本人の夜の店での賃金は2001年の3分の1、フィリピン女性とほぼ同じという結果になった。

ちなみに香港で、私のルックスは特に誉められるわけでもなく、貶されることもなかった。本当に「並」だったのだろう。

ボンビーガールの自炊ライフ

日本人の価値がここ数年で非常に下がったことを知り、私は愕然とした。だが、どんなに給料が安かろうと嫌いな客とランチするほど、私はできるキャバ嬢ではない。

好きな客もいたが、せいぜい4人程度（少な…）。だが、さすがに同伴以外で「ご飯たべさせてくださぁい♡」なんて言えるはずがない。

そうなると、行き着く先はやはり「自炊」である。だが、この国のスーパーで売られている野菜はアホみたいに高い。キャベツ1玉41ドル（約６００円）、大根は1本23ドル（約３３０円）！ジャガイモや人参はそこまで高くないので、輸入物だけが高いのだろう。

香港中（と言っても寮の周辺）を探し回って見つけたのは、街市（ガイシ）と呼ばれる市場。寮の隣駅・湾仔《ワンチャイ》には街市が多く、スーパーの半分ほどの値段で野菜が売られていた。しかも新鮮！ちなみに、香港の野菜は日本よりも味が濃くて美味い。

だが肉と魚を市場で買うのはさすがに躊躇《ためら》う。クソ暑い初夏の香港、ハエがたかる市場の肉を買うにはもう少し修行がいる。肉と魚だけは高いのをガマンしてスーパーで買っていた。香港のサーモンは脂が多くて美味いのだが、スーパーで買うと1尾35ドル（約５００円）もする。魚は諦めて4羽で13ドル（約190円）の特売の手羽先などを狙って買っていた。

さらに、香港の牛肉はマズイことで有名だ。吉野家の牛丼は38ドル（約550円）もするのに、肉は脂身だらけ。これは中国で良い肉が出回ってしまい、香港にはほとんど輸入されないというのが、もっぱらの噂であった。


キャバクラが休みの日、私は予定をほぼ買い物に費やしていた。仕事が終わって寮に帰ったら、まず自炊。メニューは簡単なもので、日持ちするカレー（日本のカレールウは400円近くする）、スープ、野菜炒め……。和食メインに作っていたわけだが、調味料もこれまた高い。醤油（ソイソース）はどの国でも売っているが、いちばん困ったのは「みりん」だ。代用できるものもなく、日本からの輸入品を買うしかなかった。これからアジアに住む人は、みりんとダシの素は日本から持っていくことをオススメします。

それにしても、香港のマンションのキッチンは驚くほど火力が強い。火力が強すぎて、近くに置いてあった炊飯器のコードが燃えた。

パンッ!!!!

焦げたコードのまま、炊飯器のスイッチを入れたらイカツい音を立ててショートした。結局、炊飯器はオジャンになり、新しいのを買うまで、鍋で米を炊くことになった。米はもちろん特売

100均で調理器具を揃えた自慢のキッチン。

自炊したタイ風チキンライス。料理の腕前はかなり上がった。

自炊した鶏と大根の煮物。手羽先は安かったのでヘビロテしていた。

日曜日に町中でたむろする女性たち。彼女たちはフィリピンやマレーシアから出稼ぎに来ているメイド。平日は雇用主の家で住み込みで働いているが、仕事が休みの日曜日は同胞同士で集まり、路上で団欒している。

のアメリカ米。鍋はガッツリ焦げついたが、これが意外と美味くできた。人間、やればできるのだ。

仕事前は作る時間がないため、軽いもので済ます。香港で最も安く手軽に食べられるもの、それはマクドナルド。マクドナルドのフィレオフィッシュが大好物なのだが、日本で単品で買うと320円と高い。

だが、香港ではフィレオフィッシュが常に安くなっていて10ドル（約150円）だった。もちろん、日本のようにフンワリしたバンズではなく、少し湿っていることもあったけど……それでも味は美味い。しかも日本と同じ24時間営業！　香港にいる間、ほぼ毎日のようにフィレオフィッシュを食べていた。

ちなみに女子が好きそうな旅行本によく載っている「庶民の味方・お粥」は32ドル（約５００円）と意外と安くはない。私にとってはもはや贅沢品だった。

なぜ、ここまで切り詰めるのかって？　それはタバコも吸うし、店以外で酒も飲みたいからだ。タバコは1箱55ドル（約８００円）もするし、ビールもちょっとしたバーで飲もうもんなら1杯70ドル（約１０００円）はする。たまには店以外で飲んでストレス発散でもしないと、やってられんよ。

こうして3か月を乗り切ったわけだが、1度どうしても金がない時につい客に言ってしまった。

「給料日まであと5日なんだけど、残り２００ドル（約３０００円）しかないんだよね……」

「２００ドルって一食分じゃん!!　アハハハハ!!」

客は大爆笑した後、財布から５００ドル（約７０００円）出した。

「これ上げるから、頑張りなよ～」

おお、言ってみるもんだな。こうして私は給料日までどうにか乗り切ることができた。香港で金欠の時の最終手段……、それはタカることかもしれない。

プノンペン連続強盗事件⁉

カンボジア

「プノンペンは昔に比べて平和になった」。昔から旅をしている人は皆、口を揃えて言う。

2013年、邦人男性が滞在先のアパートで強盗に銃で撃たれて死亡、2015年には邦人女性が市場でバッグを奪おうとしたふたり組の男に抵抗して、拳銃で撃たれてケガを負う事件が起きた。この事件以来、日本人が被害に遭ったというニュースはあまり聞かなくなったが、治安が良くなったとはいまだに思えないのが正直な気持ちである。

夜中には人通りがなくなり、野良犬もウロついている。プノンペンのキャバクラに飲みに来ている駐在員は皆こう言った。「夜はタクシーに乗るな」と。皆、それぞれ運転手を雇い、夜は必ずその車で帰っていた。

その中で「プノンペンで2回強盗に遭った」と豪語するヤツがいた。ハマである。2章の「カンボジア編」でも少し触れた駐在員のハマは、私をアフターでカジノに無理矢理誘い、自分だけバカラをやっていたアイツだ。ハマなら強盗に遭うのもわかる気がする……。私がそう思うほど、どこか危機感のなさそうなヤツなのだ。

ハマの話によると、その日、いつものようにカラオケで飲んだハマは泊まっているホテルに帰ろうとした。ハマは駐在員だがしょっちゅう日本に帰るので、運転手を雇っていない。普段は先輩の車に一緒に乗せてもらうのだが、この日は最後までひとりで飲んでいたという。会計をした先輩よりも後に帰る、この空気の読めなさがハマらしい。

カラオケを出るとトゥクトゥクがいたので、ハマはそれに乗ることにした。トゥクトゥクに乗り込み行き先を告げると、飲みすぎたせいか少し寝てしまった。目を覚ました時は人気のない道にいた。

「あれ、ちょっとヤバくない？」

そう思ったが既に遅し。運転手はハマの目に前に青龍刀ほどのデカさのナイフを突き付け、こう言った。

「カネヲ出セ」

ヤバイ！

そう思ったハマは財布の中からありったけの金を出し、差し出した。さっそく金を数えるドライバー。だが次の瞬間、さらにナイフを突き付けこう言った。

「アイフォン!!」

「……？」

理解できていないハマの胸ポケットから、ドライバーは無理矢理ｉＰｈｏｎｅを奪うと、ハマはトゥクトゥクから突き落とされた。トゥクトゥクはそのまま走り去って行き、呆然とするハマ。

幸いポケットの中には、カラオケのお釣りが少し入っていたため、ホテルには戻れたという。それから数週間後、ハマは別のトゥクトゥクに乗り、ふたたびドライバーにｉＰｈｏｎｅを奪われたという。プノンペンでｉＰｈｏｎｅを2度も取られる男、ハマ。

このようにいちばん多いのはトゥクトゥクでの強盗だが、なかには家に強盗に入られた人もいる。プノンペンで教員関連の仕事をしている大橋さんは、カンボジア人の嫁と子どもの3人で暮らしている。大橋さんとはじめて会ったのは、プノンペンの韓国料理屋だった。出張客に連れてこられた大橋さんと3人で同伴することになったのだ。

「わぁ！　全部食べたの？　エライね～」

教育系の仕事柄なのか、まるで子どもに話しかけるように私に接する大橋さん。赤ちゃん扱いされるのって意外と嫌じゃないな……。どうやら、私の新たな性癖の扉が開いてしまったようだ。

大橋さんは駐在員ではないので、サービスアパートではなく、普通のカンボジア人が住むような家に住んでいる。強盗が入ったのは深夜、家族は皆、熟睡している時だった。

全員寝ていて気づかなかったため、幸い家族に被害はなかった。盗まれたのは金品だけだったので大橋さんは安心したが、キレたのは大橋さんの奥さんである。

「ゴウトウ……ユルサン！！！　次来タラ闘ウ!!」

奥さんの怒りは収まらなかった。「嫁が起きなくて良かったよ」と笑う大橋さん。プノンペンではは強盗に遭ったことも笑い話になってしまう。プノンペンで暮らす日本人は強いのだ。

ベトナム

ハノイ同伴の定番！ナンバー1ヌードルを探せ

どの国に行っても2週間もすれば、その土地の食事に飽きてしまう。タイでは後半、和食と韓国料理ばかり行ってたし、香港で自炊するのも和食メイン。どんなにアジアが好きと言おうが、結局日本人だということを思い知らされる。

だが、ハノイだけは別だった。元々、ベトナム料理が好きというのもあるが、味付けが薄いせいかまったく飽きなかった。特に麺料理は毎日食べても飽きず、どうせなら全店舗制覇してやろう……と、かなりの麺中毒に陥っていた。

ベトナムの麺＝フォーと思う人も多いと思うが、フォーというのはあくまで麺の種類のひとつである。ちなみにフォーの本場はハノイだ。また、ベトナムのなかでも南部ホーチミン、北部ハノイ、中部のフエやホイアンとは味もまったく異なる。ベトナム5都市を回ったが、麺料理は北部〜中部のほうが美味しいと思う。ハノイで食べられる麺料理のなかで、特に絶品だった4品を紹介したい。

ブン・カー

フォー・ボー

第1位　フォー・ボー

ガイドブックにも載っている有名店「フォー・ザ・チュエン」のフォーボーが、個人的にはハノイ・ナンバー１！　フォー１杯３万ドン（約１５０円）が平均のハノイのなかでも、この牛肉フォーは５万ドン（約２５０円）と少し高め。だが、店内は常にベトナム人で満席だ。

肉の旨味とほんのり甘みが染み込んだ醤油ベースのスープ。一般的なフォーに比べると濃厚だが、スープはすべて飲み干せるほど飽きがこない。牛肉はローストされたような柔らかさで、はじめはミディアムだが、食べてるうちにスープで熱が通っていく。量も他の店より多く、一杯で満腹になる。日本人が好きそうなあっさりした味付けだ。

第2位　ブン・カー

ブンとは米のちぢれ麺、カーは魚。「麺に魚？」と一瞬思うが、

ブン・チャー

ブンズィウクア

実はこれが非常によく合う。スープはサッパリした醤油ベースで、魚の出汁と揚げ魚の具の香ばしさが広がる。野菜も多く入っており、食べると野菜の青臭さが出るが、スープと正反対の味なので飽きずに食べられる。また、揚げ魚は骨が抜かれているので食べやすい。重くない味付けで、二日酔いの朝にも食べたい一品だ。ブン・カーは中部ダナン、中南部ニャチャンが本場だが、ハノイにも店が多い。

第3位　ブンズィウクア

ベトナム北部名物の田蟹のすり身とトマト入りの麺。中細麺のブンに、スープはあっさりとしたトマト味。具の厚揚げ豆腐、ミンチ、蟹のすり身と一緒に食べると、魚介ダシの風味が口いっぱいに広がる。店は旧市街の通りに多く、ランチのみ営業している店も。付け合わせの野菜を入れても合う、女子が好きそうな一品だ。

第4位　ブン・チャー

中細麺のブンを肉、揚げ春巻、野菜と一緒にタレに付けて食べるハノイ発祥のつけ麵。特に有名なのは、オバマ前大統領も訪れた、ハノイ旧市街にある「ダックキム」。付け合わせは、炭火で焼いた豚バラ肉と炭火で焼いた豚団子、香ばしくて少し甘めのタレによく合う。ボリュームもあり、こちらは男子が好きそうな味だ。

様々な調味料を出されて自分で味付けする南部と違い、北部の麵料理ははじめからシッカリと味付けをしてあるのが特徴だ。ホーチミンよりもハノイのほうが、麵料理屋は多い気がした。

歌舞伎町キャバ嬢の同伴といえば、うどん屋のつるとんたんが定番だが、ベトナムのガールズバーの同伴はフォーに行くのが定番らしい。

アジアキャバ嬢の美容アレコレ

アジアで何か月もキャバ嬢として働いていると、気になるのは美容。普通に旅しているだけであれば特に気にすることもないのだろうけど、やはりキャバ嬢なので多少は気を遣っていた。

①美容室

ほぼ伸ばしっぱなしだったが、前髪だけはセルフカットをしていた。すきバサミ１本あれば、どこでも切れるのでオススメ。お陰様で前髪カットだけはやたら上手くなった。ちなみにカラーやカットは日本人美容師のいる店でやるのが絶対に良いだろう。タイで現地のちょっとお高い美容室に行ったことがあるが、さんざん時間をかけられた挙げ句、ほとんど色も変わらず3000バーツ（約1万円）も取られた。それもカラーのみ。日本人と外国人の頭の形は違うので、やはりカット含め、日本人美容師に任せるのがイチバンなのだとか。

だが、アジアに長くいると水質も違うため、髪のダメージは気になってくる。なので、トリートメントはたまに行っていた。ベトナムでは街の少し良い美容室でトリートメントがたったの4万ドン（約2000円）！　だが、問題が。アジアの美容室ってなんであんなに爪を立てて洗うのか……。もう痛いのなんの、そんなに爪立てたらフケが出るわ！　そして、顔にバシャバシャ水をかけてくるのも勘弁してほしい……。とにかく美容室は日本人の店で！　これに尽きます。

②ネイルサロン

10代の頃からネイルをしている私にとって、アジアでネイルサロンはなかなか探すのが難しい。日本のジェルネイルは世界一の技術を誇っていると思う。アジア各国にネイルサロンはあるが、どの店もマニキュアしかなく、ジェルネイルのある店は極めて少ない。唯一、取り扱う店が多かったのは香港くらいだ。

香港には至るところにネイルサロンがあり、料金はジェルネイルとアートで300ドル（約4000円）〜。銅鑼湾には中国人がやっているネイルサロンが集まっており、安くて上手だった。また、ハノイでは日本人オーナーのいるネイルサロンを紹介してもらった。ベトナム人スタッフがふたりがかりでアートしてくれて計2時間もかかったが、仕上がりは丁寧だった。最近ではアートメニューはないが、ワンカラーでジェルネイルができるネイルサロンも増えている。デパートやショッピングモールの中に入っていることが多い。

香港の中国人が営業するネイルサロン。技術は上手い。

③脱毛

日本では脱毛サロンに通っているが、アジアで脱毛をするのはなかなか難しい。よく見かけるのはブラジリアンワックス（温めたワックスを肌に直接塗り、上からテープを貼ってはがすというもの）だが、肌が弱い人が行うと荒れてしまうこともある。なので、アジアではひたすら自己処理するしかなかった。だが、アジアのカミソリは本当に刃が悪い。薬局でそこそこ良いものを買ったが、いざ処理すると肌までサクッ！　と切れることもしばしば……。キズパワーパッドも売ってないので、安いバンドエイドを貼り、さらに肌が荒れる始末。以来、長期でアジアに行く時は必ずシェーバーとバンドエイドを持参している。

では最後に、アジアであると便利な美容グッズをご紹介しよう。

①爪やすり

1本あるとかなり便利。爪が伸びた時はもちろん、足の角質だって削れちゃう優れもの。目の粗いもの、細かいもの1本ずつ常備するのがおすすめ。かさ張らないし、爪切りのように重くないのでオススメです。

②自作スキンケア用品

100円ショップなどの化粧品ボトルに、化粧水、乳液、オイルなどのスキンケア用品を全部混ぜたもの。荷物にならずこれ1本でスキンケアが完了するため、忙しい人にもピッタリだ。

アジアでキャバ嬢をすること……それは不便のなかでの美しさとの闘いなのかもしれない。

第4章

キャバ嬢だって遊びたい！

アジアで10年以上放浪してきた私が、夜遊びを語らないわけにはいかない。男性向けの情報はたくさんあるが、女性向けの夜遊び情報はなかなか手に入らない。アジアキャバ嬢＆裏ネタライターならではの夜遊びを紹介します。

バンガン島のフルムーンパーティーでの1枚。こんな笑顔で写真に写るとことは珍しい。相当オカシかったのだろう。

ミッション！ ゴーゴーボーイをペイバーせよ！

タイ

タイの夜遊びは女が遊んでも楽しい。ディスコ、バービア、レディーボーイ（ニューハーフ）など多種多様だが、女性にオススメなのはボーイズゴーゴーバー（通称：ゴーゴーボーイ）だ。本来はゲイ専門の店で、パンツ1枚で踊るマッチョなイケメンを見ながら飲むことができるバーだが、最近は女性観光客の人気も高い。

はじめてゴーゴーボーイに行ったのは２００３年。以来、タイに行く時は必ず行くようにしている。最近の楽しみ方は、ノンケの男友だちを連れて行くこと。男友だちに股間モロ出し＆セックスショーを見せて、反応を楽しむ……という悪趣味な遊びにハマっている。

だが、何度も行っているとさすがに飲むだけでは満足できなくなる。セックスはしなくても、一度くらいペイバー（連れ出し）してみてもいいんじゃないか？

そう思っていたある日、マレーシアで働く悪友・美月がタイに遊びに来ると言い出した。

バンコクから車で2時間半、リゾート地のパタヤに到着するなり、美月は鼻息を荒くしていた。

「ゴーゴーボーイで、ガチゲイの男をペイバーしてゲイディスコに行きたい!!」

専門用語が多過ぎて、何を言っているかわからない方のために説明しよう。

ゲイの男はマッチョでダンスが上手いので、一緒にディスコに行きたいという。だが、ゴーゴーボーイのほとんどが実はノンケのビジネスゲイなので、本物のゲイを探してペイバー（連れ出し）しよう……と彼女は言いたいらしい。

これは私も賛成である。ノンケのゴーゴーボーイに捕まってしまうと、連絡先を聞かれたり、「ガイドする」と言われて、ずっと付きまとわれることもある。サクッと遊ぶには、安全そうな本物のゲイのほうがこちらも都合が良いのだ。

パタヤのボーイズタウン。ゴーゴーボーイが密集し、世界中から男色がやって来る。

だが、私にはリアルゲイとノンケの区別がつかなかった。店に入ったのはよいが、ステージに立っているゴーゴーボーイはどれも同じに見える。

「私に任せて」

美月はそう言うと、ゴーゴーボーイたちをジッと見つめた。次の瞬間……!!

「３番と12番と21番がゲイだね」

……!?

あっさりとゲイを見極めたのだ。

「なんでわかるの!?」

「顔見ればわかる」

コイツ、できる……!!

3番と12番と21番の顔を見てみるが、うん、全部同じに見えるよ……。ひとつだけ言えるのは、私のタイプではナイ。

「ゲイは顔がナヨナヨしてるから、ちゃんと見て！ とりあえず付けてもらうわ」

コンチア（ボーイ）を呼んで12番のゴーゴーボーイを付けるように指示する美月。12番が席に着いたので聞いてみた。

「アーユー ゲイ?」

「イエス」

……すげぇ!!

「他は何番がゲイ?」

「あー…3番と21番カナ」

見事に全員正解！

「じゃあ、さっそくディスコに……」

「ちょ、ちょっと待って」

ノリノリな美月を引き止める。

「何？」

ゴーゴーボーイとゲイディスコへ。美月（右から2番目）は12番（右）を瑛太に似ていると言っていたが、今見ると全然似ていない（笑）

「もうちょっと、他の店も見てから行こうよ」

私好みのゲイが見つかるかもしれないし。

「……わかった。じゃあ回ってみよう」

12番にチップを渡して店を出た。

「5番と8番!!」

次のゴーゴーボーイでも、美月は見事にゲイを当ててみせた。ヒヨコの鑑別師かよ。だが、どの店に行ってもリアルゲイは2、3人ほどしかいない。ビジネスゲイばっかじゃないか!!

結局、最初入った店に戻り、3番と12番をペイバーすることになった。私はあまり好みではなかったが、美月が「瑛太に似てる!」と12番をエラく気に入っていたのだ。

うん、瑛太ではナイかな……。だが、店が閉店間際でペイバー代が安くなったので良しとしよう。

どうやら、深夜1時を過ぎるとペイバー代がディスカウントされるらしい。

4人で向かったのは、パタヤで最も有名なゲイディスコ「Ｎａｂ」。同じようにゴーゴーボーイをペイパーした欧米人のオッチャンから、ドラァグクイーンまでが集まる、まさにパタヤの男祭り！

手際よくウイスキーのボトルとシーシャを注文するゴーゴーボーイたち。こういう時、日本人だけだとなかなかスムーズにいかない。

はじめはウイスキーとコーラを混ぜたジャックコークを飲んで、皆で踊っていた。だが、酔ってきたのか、次第にイチャつきはじめる3番と12番。

そうだ、コイツらゲイだったんだ……。結局、その間に入り無理矢理4人でイチャついてやった……。

ゲイをペイバーする時の教訓。女はお構いなしでイチャつきはじめるから気をつけよう！

ビザラン休暇でハッピートリップ（ラオス・バンビエン）

風俗嬢には生理休暇というものがある。これは生理の時に仕事を休めるというものだが、海外キャバ嬢にも月１の休暇があった。それがビザラン休暇である。

ビザランとは陸路で国境を接する国からの査証免除措置を利用してタイを出てすぐに入国することをいう。

タイのキャバクラで働いた私は、ノービザで入国していたため、月に１度タイを出てまた戻るビザランを繰り返していた。観光ビザを取っていれば３か月は滞在できたのだが、仕事が忙しくてなかなか取りに行けなかったのだ。そういう事情もあり３回もビザランをする羽目になってしまった。結局、これが原因でタイを離れなきゃいけなくなったわけだが……。（２０１８年現在、ビザランは年２回までと大使館が発表している）

ビザランをする時、いつも行き先で悩む。陸路で何度も出入りすると、入国できなくなる恐れがあるからだ。すでにバスでタイとの国境があるカンボジアのポイペトという街に行っていたので、次は帰りだけでも飛行機で入国したい。だが、近隣国で特に行きたい国もない。ポイペトは知り合いと行ったのでカジノをしたが、ひとりでカジノに行ってもしょうがないしな……。

「ラオスでいいじゃん」

友人にアドバイスされたラオスは、以前にも行ったことがあった。南部にあるワット・プーという世界遺産に行ったのだが、乗り継ぎで1泊した首都のビエンチャンには何もなかった。

「バンビエンは？」

バンビエンか……。そういえば、昔から行ってみたかったかも。こうして、行き先はバンビエンに決まった。

ビザラン休暇を取った日の夜20時、バンコクのファランポーン中央駅から寝台列車に乗った。初の寝台列車はコンセントもあって快適だったが、2階席にしたのは失敗だった。天井が低くて、起き上がるたびに頭を打ちそうになるのだ。

席がある2号車を離れ、3号車に向かう。エアコンがなく窓が開いている3号車は、遠くのほうに景色が見えて心地よい風が抜ける。ビザラン休暇ということをすっかり忘れ、イイ旅・夢気分！

翌朝、国境を越えてラオスの首都ビエンチャンに到着した。ここからバスでさらに4時間かけてバンビエンに向かう。バンビエンは１９８０年以降、「バックパッカーの楽園」として栄えた街だ。昼間はのどかな雰囲気だが、夜になるとどこからともなくサイケデリックな音楽が聴こえてくる。

今回バンビエンに来た目的は、過去「バックパッカーの楽園」と呼ばれたこの街が今はどうなっているのか確かめるためでもあった。

メイン通りを歩くと、それはすぐに見つかった。店の看板には「ハッピーメニュー」と書かれてある。中に入りメニューを見ると、ハッピーピザの他にマジックマッシュシェイクもあった。

とりあえずふたつとも注文する。

ハッピーピザとは、マリファナ入りのピザだ。ピザ生地の上に具はなく、真っ黒な色をしたマリファナをパウダー状にしたものが振りかけられている。食べてみると、苦くてピザの味はほとんどしない。全部食べる前に満腹になってしまいそうだ。

バンビエンのマジックマッシュシェイク。飲みやすいからと調子に乗るとトンデモないことに……。

次にマジックマッシュシェイクを飲んでみる。少しドロッとした緑色の液体だが、味はキウイのようで意外と美味しい。つい2杯も飲んでしまった。

しばらくすると、まわりの景色がグニャリと歪んでくる。ボケーッと口を開けたまま一点を見つめていた。どこかに移動したいが、足に根が生えたように動かない。ピザとシェイク代を払おうとするが、紙幣の数字がマトモに読めない。手に持っている紙幣を店員が何枚か持っていったが、多少ボラれていたかもしれない。

その後、音のするほうにフラフラと歩いて行き、シェイクを持ったまま気がついたらクラブに入っていた。

「何、飲んでるの?」

韓国人のグループに話しかけられたが、返答する気にもなれない。

このままではヤバイと思い、宿に戻ることにした。這うように階段を上って部屋へ戻ったが、ここからが困難の連続だった。

少しでも気分を覚まそうとシャワーを浴びたのだが、自分で置いたシャンプーの場所やお湯の出し方がわからず悪戦苦闘。シャワーを浴びるだけで30分もかかってしまった。

その後も落ち着きなく部屋中を徘徊、そしてフラフラとベッドに倒れこんだ。

目を閉じると、宇宙が見える。

「マッシュシェイクってこんなにキマるのか……」

キマったまま、眠りに落ちていった。

翌朝、まだ少しフラフラする感覚はあったが、大分マシになっていた。

そして、「今夜もマッシュシェイク飲もうかな」と一瞬考えてしまう自分がいた。だが翌朝、早朝のバスでビエンチャンに戻ることを考えてやめた。きっとここにいる旅人たちも同じことを考えて、この街に沈没しているのかもしれない。

ラオス・バンビエン。そこはたしかに楽園だった。お好きな人にとっては。

フルムーンパーティーぶっ飛び紀行

パンガン島のフルムーンパーティーに行ってきた。

タイ湾西部に位置するパンガン島は、古くから「バックパッカーの聖地」と言われている。現在は毎月、満月の夜に開かれる「フルムーンパーティー」が世界的に有名である。

私がこのパーティーの存在を知ったのは２００３年、毎週のようにトランスのパーティーに行ってた頃だ。以来、ずっと行きたいとは思っていたがなかなかタイミングが合わず、今回やっと行けることになったのだ。とはいえ、一緒に行く友人はいないのでひとりで参加することになった。まぁいい、ひとりが怖くて旅はできない。

パーティー当日、島のホテルはどこも満室で予約が取れず、隣のサムイ島からボートで行くことになった。サムイ島からパンガン島まではスピードボートで40分。だが問題がひとつ。私はものすごく船が苦手なのだ。船に乗ると甲板の真ん中を陣取り（船は中央がいちばん揺れが少ない）、

サイケエリアだけでもこの人混みだ。

微動だにしない。せっかくのフルムーンパーティー、船酔いだけは避けたい。

　というわけでサムイ島に着くなり、まず薬局へ向かった。

「I have Seasickness（私は船酔いします！）」

　本当に語学留学したのかと疑うほどの英語レベルで説明する。出てきた薬は、指先ほどの座薬と見間違えるほどのデカさ。コレ飲めるのか？

　しかし、この薬が意外と効果を発揮した。でも、思った以上に早くパンガン島に着いてしまったぞ。まだ全然、薬が効いているんですが……。

　ボートを降りてからパーティー会場までの道のりには、バーやボディペイントなど、たくさんの屋台が並んでいた。

　入場料は100バーツ（約350円）で、メインの会場となるハードリンビーチにはいくつもの音楽ステージがある。ヒップホップ、R&B、EDMとあるなか、真っ先に向かったのはサイケデリックトランスのブース。20代の頃、日本で新潟や長野の野外レイヴに行っていた私は、いまだに野外イベント＝サイケのイメージのままで止まっている。最近のクラブはEDMばかりなので、久々に聴くサイケにテンションが上がる。

そして、フルムーンパーティー名物！　レッドブルやウォッカなどがミックスされたバケツカクテル!!

もう、酔い止めなんか関係ない！　飲むしかない!!。

踊っていると、知らない欧米人たちがいろんなものを薦めてくる。何かもわからず吸引すると、クラッとした感覚が襲う。おそらくケタミン（シンナーの効果に近い鼻から吸う麻酔薬）の類だろう。

周りを見ると、誰かが吹いているしゃぼん玉を捕まえようとする者、レーザーに手を仰ぐ者……シラフの奴はひとりもいなそうだ。

横にいる人物の記憶はまったくナイ……。

ひたすら踊りまくり飲みまくり……、そこからの記憶はひとつもない。気がついたら会場内のマッサージ屋で、マッサージを受けながら爆睡していた。

その後、どうやってサムイ島まで戻ってきたかはわからない。財布や携帯は無事だったから、何事もなかったと思うが……。

それにしても、翌日になってもまだ頭がボッーとしている。大したものはやってないはずだが、これも酔い止めのせいなのかな。

フルムーンパーティーで最もキマルもの、それは酔い止めとバケツカクテルのミックスかもしれない。

恐怖！パタヤ☆性欲絞りとられツアー

男と女では、タイに行く目的は根本的に違う。

「マッサージ、観光、タイ料理！」の女子。一方、男性は「セックス×3」！　この一択だ。特に週末を使った弾丸旅行では、もはや何人女を買えるかがノルマになっている男性旅行者をよく見る。今回、私が傍観したのもそのひとつだった。

「今週末、男4人でそっち行くから。一緒にパタヤ行こうよ」

10年来の先輩・敬さんから連絡があったのは、私がタイで働いてしばらく経った頃だ。敬さんは、年に何度か仲の良い男友だちとタイに来ている。ペースは2か月に1回ほどで、目的はもちろん夜遊びである。今回は、私も知っている先輩と一緒に来るというのだ。

「今、着いたよ。お前は仕事だろ？　明日合流しようぜ」

今日は木曜日。あれ、週末って言ってませんでしたっけ？

「俺は前乗りしたんだよ。他のヤツらは後から来る」

何すか、その謎のフライング……。

翌日、他のメンバーがやってきた。メンバーは私を入れて６人。敬さんの同級生の裕さん。敬さんの後輩の国分さんとコバ。私の親友でもあるマイ。敬さん以外は金曜の夜に到着して、月曜の午後に帰る超弾丸旅行。時刻はもう０時過ぎ。今日はバンコクに１泊して、明日の早朝パタヤに向かう。

「皆、疲れたでしょ？　明日早いし、今日はもうホテルで休む？」

私がそう言うと、敬さんの目つきが変わった。

「何言ってるんだ？　今からナナに行くぞ」

「え？」

「今から？」という目で見る一同。

「コイツら、バンコクは今日１泊だけなんだから、ちゃんと案内してやらないとなぁ？」

数十軒のゴーゴーバーやバービアが並ぶナナプラザ。バンコクに来たら、夜遊びはここから。

ナナとは「ナナプラザ」の略称で、半裸の女性が躍るゴーゴーバーやビールが飲めるバービアが数十軒入る大型施設の歓楽エリアだ。

「まず、『レインボー』だろ」

ナナに着くなり、ゴーゴーバーへ消えていく男性陣。

「これ、ガチなやつじゃん……」

連れ出す気満々の空気を察した私とマイは、外のバービアで一杯だけ飲んで先に部屋に戻ることにした。

翌朝、パタヤへ行くために、ホテルの前で待ち合わせをすると、敬さん以外の3人が死にそうな顔で現れた。

「おはようございます。ど、どうしたんですか⁉」

「昨日、敬さんにナナプラザでゴーゴーバーを3軒ハシゴさせられた後、テーメーカフェに連れてかれたんすよ……」

コバが説明する。

「俺らが女買うまで帰らしてくれなくて……」

あの後、敬さんは疲れている男性陣を無理矢理、テーメーカフェに連れて行ったという。テーメーカフェはバンコクにある援交カフェで、女の子のレベルが高いことで有名だ。

「ここのレベルの女は、パタヤには絶対いないぞ！」

敬さんはそう言って、ご丁寧に人数分の女のコを当てがってくれたそうだ。無理矢理テーメー嬢を買わされた男性陣は、パタヤまでの車中、ほぼ爆睡していた。

「よし、じゃあマッサージとMP（タイ式ソープランド）行くぞ〜」

今から？　ホテルに着いたばかりですよ!?

「マッサージの姉ちゃんに触られても、絶対ヌクなよ！　ここで抜いたらもったいないからな！」

ヒー、性欲制限!!　とりあえず、優しさ（?）でマッサージに連れて来たらしい。

マッサージの後、ひとりでMPに消える敬さん。戻ってきた敬さんは手に何か抱えていた。

「お前らも飲むか？　精力剤」

そう言いながら、袋に入っている怪しい液体を飲む敬さん。本物の精力剤かは定かではないが、ソレを飲んでギンギンになった敬さんはその日の夜もゴーゴー嬢をペイバーしていた。これがプラシーボ効果というやつなのだろうか……。

翌日は、ボートで20分ほどのラン島に行った。パタヤのビーチは人が多すぎてあまりキレイではない。海で泳ぎたい人は近くのラン島に行くのがお決まりだ。ラン島でバナナボートやジェットスキーで遊び、かなり疲れた私とマイは部屋で休むことにした。

「お前ら！　置屋行くぞ!!」

置屋とは、バーにいる女の子を店の上の部屋に連れ出すことができるというものだ。休む間もなく連れていかれる男性陣。じ、地獄絵図……。その夜もゴーゴーとバービアをハシゴし、3泊の旅で計4回買わされた男性陣。皆、心なしか来た時よりも痩せて見える。

空港まで送る道のりで、裕さんが死にそうな声で呟いた。

「俺、セックスが嫌いになりそうだよ……」

……合掌!!

香港

オジサンたちはフィリピンパブで癒される

「海外赴任している駐在員の憩いの場とは何か」を考えてみた。

アジア各国の夜の店で働いてみたが、いちばん客が入っていると感じたのはベトナム・ハノイのガールズバー。逆に日本人キャバクラの需要が少ないと感じた国は、香港のような気がする。3章の「香港における日本人女性の価値は？」で書いたように、香港では日本人の賃金が昔よりも下がっている。香港の日本人キャバクラとフィリピンパブの価格は同等だが、需要はフィリピンパブのほうが高い気がする。客の入りが全然違うのだ。

香港には2種類のフィリピンパブがある。ひとつは日本と同じでカラオケのあるフィリピンパブ、もうひとつは連れ出し専門のビキニバーだ。料金は先ほども書いたが、カラオケのあるフィリピンパブでボトルを入れて2時間１０００ドル（約１５０００円）ほど。これが常に駐在員で賑わっているのだ。

働いていたキャバクラと同じビルにもフィリピンパブはあった。店がヒマな時に客が連れて行

キャバクラと同じビルにあるフィリピンパブ。ステージで歌うのは同胞のサラリーマン。

ってくれるのだ。ピンパブ嬢は日本語を話せる子がほとんどいない。だが、明るいのがフィリピンの国民性である。私たちが飲みに行っても、彼女たちは常に明るかった。

フィリピンパブの醍醐味は、会話よりもカラオケを楽しむことにある。カラオケといっても個室ではなく、店の正面にステージがあり、曲を入れた順番に客が歌うというものだ。

客は、ほぼ日本人の駐在員なので歌う曲は大体決まっていた。徳永英明、サザン……。『レイニーブルー』なんて歌詞を暗記できるくらい聴かされた。

そして、忘れちゃいけないのがユニコーンの『大迷惑』。日本ではそこまで歌っている人を見なかったが、香港の駐在員はこれを演歌並みに拳を突き上げて熱唱する。歌詞を見ればわかると思うが、絶対に駐在員のために作られた曲だよな……。

フィリピンパブでは知らない日本人が歌っていても、全員で盛り上がるのがお約束だ。気がつくと、嬢そっちのけで盛り上がっている。それにしても、客たちはフィリピンパブでも日本人キャバクラでも、カラオケばかりしていったい何が楽しいのだろう。

「じゃあ、次、BONJOVI～!!」

「あ、BONJOVIなら私も歌う！」

いつの間にか、私も客のペースに巻き込まれてしまった。

そして締めは『サライ』（谷村新司）。全員で肩を組んで歌うのがお約束。

「さくら～ふぶ～きの～～♪」


それでも、フィリピンパブは毎晩大盛況。フィリピンパブの魅力について、客のトクジさんはこう語る。

「そりゃあ、フィリピン人の明るさでしょ。香港のビジネスマンって皆、殺伐としてる感じがするんだよね。そういう時、彼女たちの明るさに癒されるよ。あと、夜総会や韓国クラブとは違って、大金遣わなくても喜んでくれるのがいいよね」

香港に駐在しているサラリーマンは皆、疲れている。香港に疲れた日本の企業戦士たちよ、今すぐフィリピンパブで癒されろ！

性都と呼ばれた街に行ってきた（中国・東莞）

香港のキャバクラの客と、中国の東莞《トンガン》に行くことになった。

中国・広東省の中部に位置する東莞は90年代以降、出稼ぎ労働者が急増し、それらの男性を相手するために風俗嬢が急激に増加した街だ。

市内の風俗嬢の数は最も多い時は100万人以上ともいわれており、高級コンパニオンから立ちんぼまで、その値段もピンキリだったという。東莞には世界中から男性客が夜な夜な大枚を握りしめ訪れ、2010年には「性都」と呼ばれるほどに性風俗産業が発展した。

しかし2014年、警察の大規模な売春一斉摘発が行われ、性都は突如終焉を迎える。摘発された業者は300人、逮捕者1000人あまり、100万人以上いた風俗嬢たちは一斉に職を失った。

一斉摘発から1年あまり。東莞は今やゴーストタウンのようだという噂だ。

真意を確かめるべく、休みの日に客を連れ出したというわけだ。

香港の紅磡《ホンハム》駅から地下鉄で40分、中国の羅湖《ルオフー》駅に到着した。羅湖駅から国境のある深圳《シンセン》駅までは歩き、イミグレーションを通過して中国に入国する。深圳から高速鉄道に乗り30分、常平《じょうへい》駅に到着。元々、東莞駅という名前だったが、２０１４年に改称されたという。駅から東莞の中心地までタクシーで向かう。タクシーの運転席の後ろに付いている古い鉄格子が、この街の治安を物語っているような気がした。

道の途中、都市開発の真っ只中なのか、建設中のビルやマンションが目立つ。今のところ、ゴーストタウンとは思えない風景である。

性都・東莞。元々サウナがあったホテルの最上階だが、今は使われていない。

タクシーは10分ほどで中心部に到着した。スクランブル交差点を囲む３つのホテル。客の話によると、以前はこの３つのホテルの中に売春サウナがあったという。

ホテルのエレベーターに入ると、昔サウナがあったという最上階のプレートだけが取り外されていた。別階のナイトクラブと日本人スナックは今も営業しているらしい。

「とりあえず、サウナがあった階を見に行こう」

最上階に上がる。サウナがあったといっても、見た目は普通の客室階と変わらない。だが、廊下は電気もついておらずカビ臭い。客室として使っている気配はなかった。

「サウナとして使ってたから、さすがに臭いがとれないの

再開発真っ只中の元・性都。若者向けの市場が増え、家族連れも多い。

かもな」

「ローションまみれのベッドとか、換気しても乾かなそうだもんね」

「その部屋、泊りたくねーなぁ……」

客の話によると、以前は受付で予約すると部屋にコンパニオンが数人来て、その中から選んでプレイをしてたという。また、ホテル内のナイトクラブのホステスを部屋に呼ぶこともできたそうだ。

エレベーターを降りてホテル内のナイトクラブに行く。開店時間前だったが、スタッフらしき男がいたので話を聞いた。

「今も連れ出しできるの?」

「デキナイ。飲むダケ」

今ではナイトクラブも連れ出し不可のようだ。ホテルを出て、昔、置屋がたくさんあったという通りへ向かう。この何の変哲もない路地裏に、昔は数十人の客引きが立っていたそうだ。通りにあるアパートには売春婦が待機しており、そのアパートの部屋でプレイができたという。路地裏には、今では客のいない大人のオモチャ屋が一軒あるだけだった。

「今でも立ちんぼいるの？」

「夜になるとたまに見るヨ。でも少ナイ。警察厳シイ。売春婦は皆、深圳に行った」

オモチャ屋のオッチャンによると、摘発で散り散りになった売春婦は今でもヒッソリと深圳や他の街で売春を続けているという。やはり、色街としての東莞はすっかり廃れてしまったようだ。

しばらく歩くと、洋服を売っている大規模なマーケットがあり、女性客や家族連れが買い物をしている。その後も、比較的新しそうなショッピングモール、映画館、ファミレスなど、若者向けの店が多い。

「売春婦が使っていた服屋やネイルサロンは値段が安いから、今では旅行客が利用しているらしいよ」

客が言う。サウナがあったホテルの通りは人が少なかったが、街のメイン通りには若者やファミリーで溢れている。国が総出で、過去のイメージを払拭しようとしている様子がわかる。

風俗街は摘発されると、ゴーストタウン化してしまうものがほとんどだ。このように都市開発が成功しているように感じられるのは、非常にまれだろう。それを思い知らされたのは出国の時だった。

「何シニ、東莞へ？」

「コノ、パスポートアナタノ？」

「写真とカオ、チガウ」

数か月前に撮ったパスポートの写真の顔が違うと、帰りの東莞のイミグレで20分以上も尋問された。まったく同じノーメイクの写真なのになぜ!? てか、何を疑われてるのよ!?

出国審査もスーパー厳しくなった街・東莞。かつて性都と呼ばれた街が、平和な観光地として生まれ変わる日も近い……!?

カンボジア

シアヌークビルは不良パラダイス

プノンペンのキャバクラで働いた後、シアヌークビルに旅行することになった。シアヌークビルはカンボジア南部に位置し、プノンペンからはツアーバスで4時間ほどで行くことができる。ここ数年で欧米からの観光客が急上昇中のリゾート地だ。

メインビーチのセレンディピティビーチには美しい海が広がり、その周辺にはバービア、カラオケ、ディスコ、カジノ、さらにバンビエンで私が死んだハッピーピザの店もある。まさに不良欧米人のパラダイス！

はじめてこのシアヌークビルを訪れたのは２０１３年。当時はビーチ沿いにバービアなども少なく、ローカルなカラオケが多かった。そして私は今よりも大分、好奇心旺盛だった。

「置屋に行きたい……」

なぜか無性に置屋が見たくなったのである。特にカンボジアの置屋は非常に興味がある。タイではバービアといってビールが飲めるバーにいる女の子を、店の上の部屋に連れ出してセックス

現在のシアヌークビル。観光客向けのバービアが並ぶ。

ができるが、カンボジアはどうなのだろうか？

旅行前にシアヌークビルの夜遊びを調べたが、カラオケなどの情報はあるが、置屋情報だけはまったく出てこない。だが、あることはたしかなようなのだ。

それがますます見たい気持ちを駆り立てた。

だが、詳しい場所はまったくわからない。そこで、バイクタクシーの兄ちゃんを捕まえて案内してもらおうと考えた。シアヌークビルの中心地は狭く、バイタクで1ドル出せばどこでも行ってくれる。問題はどう説明するかだ。「置屋」なんて英語で言ったことないし……。

翻訳サイトで調べてみると「geisya house」や「okiya」と出てきた。思いっきり日本語なんだが……。

「I want buy Lady!」

「Sex,Sex!!」

完全に変態である。だが通じたのか、バイタクは私を乗せると勢いよく走りだした。

シアヌークビルのシンボル・ゴールデンライオン像から南西に5分ほど走っただろうか。人気《ひとけ》のない道に2つ、３つほど灯りが見えてきた。それは置屋の灯りで、平屋が３つ並んでいた。薄暗い店中と店前には十数人の女が立っており、一斉にこっちを見てくる。他に客はいなく、暗闇の中に複数の目だけがギラギラと光っている。バイタクにまたがったまま、聞いてみた。

「ハウマッチ？」

「50ドル（約５０００円）」

「高ぇ!!」

「戻るぞ」バイタクの兄ちゃんに耳打ちし、バイクを出してもらう。「買わねーのかよ!?」という顔の兄ちゃん。バイタクを出そうとすると、後ろから「40ドル、40ドル！」という声が聞こえてきた。40でも高いちゅーねん！　足元見やがって!!　せめて20ドル（約２０００円）程度だったら、中の部屋の様子くらいは見せてもらったかもしれない。

ちなみに嬢のレベルは……割愛！　男って大変なんだな……。改めて感じた夜だった。

ロン島で溺れたい

シアヌークビルから船で40分ほど行ったところに、ロン島という島がある。島内に道路や車はなく、移動はすべてボートのみ。手付かずのビーチが広がる美しい島だ。近年、このロン島が新たなバックパッカーの聖地として人気を集めている。前出のフルムーンパーティーなど、ビーチパーティーも多いんだとか。

シアヌークビルからロン島に1泊で来たのはいいけれど、あいにくこの日はパーティーがなかった。しかも、雨季のせいか雨が降ったり止んだりと天気も不安定、外出すらも微妙だ。

夜になると少し天気が回復したので出かけてみた。島のレストランやバーのほとんどはホテルと兼業している。しばらく歩いているとディスコに辿り着いた。

カンボジアのディスコは結構好きだったりする。昔流行ったサイケやゴアが流れるし、酒も1ドル（約100円）程度と安い。この日のジャンルは70年代のダンスクラシック。もう少し人が増えるまで待ってみようとＤＪブースの前に座って飲んでいると、男に声を掛けられた。

「ひとり？」

アフロの陽気な男だ。

「ひとりだよ」

「俺、ここのＤＪ！　そこの席、座っトキナヨ〜」

そう言って、酒をくれるアフロ。言われるがまま、ＤＪブースの中で座ることにした。

アフロからもらった濃い目のカクテルを飲んだ後、タバコを吸いにテラスへ出るとアフロがやってきた。

ロン島はビーチ沿いにホテルや店があり、どこに行っても自然を堪能することができる。

「ナンデひとりナノ？」

「旅行だよ」

「仕事ハ何シテルノ？」

「フリーライターだよ」（適当）

「スゴイ！　じゃあココにも取材デ？」

「うん、まぁそんなとこ」

一生懸命、話しかけてくるアフロ。だが、お互いたどたどしい英語でましてや初対面。なかなか会話は盛り上がらない。

「そろそろ、帰るよ」

「マッテ!!」

そう言って立ち上がると、アフロがいきなり腕を掴んできた。

「部屋ニ……行ってモイイデスカ？」

「ノーサンキュー!!」

アフロはションボリしながら、店内へと消えていった。いくら欲求不満の私でも、アフロの日焼けし過ぎた男と寝るつもりはナイ。

翌日は雨もあがり、穏やかな海が広がっていた。こういう島に1か月くらい、滞在するのもいいよなぁ。ぶっちゃけシャワーは水しか出ないし、コンビニもないし、砂浜もめちゃくちゃキレイというわけではないけれど！

ロン島、是非また訪れたい島のひとつである。

シンガポール

真夜中のゲイランを歩く

バンコクのナナプラザやパタヤのソイ6、フィリピンのセブなど、色街と呼ばれるエリアはアジアのいたるところにある。そこまで多くの色街に行ったわけではないが、唯一、異様な空気を感じたのはゲイランだけである。ゲイランは、シンガポール中心部からやや東に位置する、国内で唯一シンガポール政府が公認している売春地区だ。

主に中国、タイ、ベトナムなどからの出稼者が多く、地区内には数百の売春宿が軒を連ねている。私が歩いたのはシンガポールに到着した日の夜、この一度きりだ。たった1度だが、私なりに感じたゲイランの特殊さを書こうと思う。

ポイント①　知らなければ、売春街とわからない

煌びやかなネオンがあるわけでもなく、オネーチャンたちが店前に待機しているわけでもない。ここが置屋通りだと言われなければ、スルーしてしまいそうな一見、普通の店が並ぶ。中に入らなければ女の子は見られないわけだが、置屋の外観を例えるなら田舎のカラオケボックス。店前には店員が立っているが、客引きする様子もなし。だが、カメラを少しでも向けるとものすごい勢いでまくし立てられる。ちなみに、ゲイランの中には立ちんぼのいる通りもあるが、この日は0人だった。とにかく一見では売春街とわからない。

ポイント②　ファミリーが多い

ゲイランは昔からは外国人労働者が多いエリアなので、庶民的な店や食堂が多い。食堂ではシンガポールとは思えないほど安く食べることができるため、地元の家族連れが多かった。表向きの小綺麗なシンガポールの街には面白味を感じなかったが、この一帯には泊ってみたいと思った。世界的に有名な売春街で、観光客よりも地元民が目立っていたのがゲイランである。

ポイント③　歓楽街としてはイマイチ?

あくまで女性が行っての感想。まず、飲み屋が少ない。ローカルな食堂でビールが飲める程度で、それも22時過ぎたら法律により販売禁止。「世界的に有名な売春街」の認識で行くと、マーライオン並みにガッカリする。だが、昼間のゲイランを歩くと１９２０年代に建てられた建物が並び、下町風情のある街並みを見ることができる。シンガポールの他の地域では見られない雰囲気を求めて移り住んでくる若者も多いという。

今ではこの景観を守りたいと古い建物をリフォームして再オープンする店も増えている。色街として行くのではなく、レトロな街歩きとして散策すると楽しいかもしれない。

タイの派手なネオンや客引きの夜遊びに慣れてしまった私から見ると、少し物足りないというのが正直な感想だ。かつて横浜にあった黄金町や大阪の飛田新地の赤線街のように、うかつな観光気分で来る雰囲気ではない印象があった。

クアラルンプールの売春食堂

マレーシア

ゲイランが「夜のガッカリ遺産」ならば、マレーシア・クアラルンプールの売春食堂は知る人ぞ知る「隠れ遺産」だろう。マレーシアで売春は違法である。だが水面下では多く、特に有名なのは「ビーチクラブ」「タイクラブ」と呼ばれる援交ディスコだ。それ以外にも援交スポットは存在する。それがこの売春食堂だ。

場所はＬＲＴ（都市旅客鉄道）のプドゥ駅。マレーシアに駐在したことのある人であれば知っているであろう、有名な日本風スパの近くにある。ちなみにスパとは日本でいうところのソープのことだ。売春は違法だが、スパはライセンス制で国の認可を受けて営業をしているため、警察の取り締まり対象外となっている。

売春食堂は一見、屋根のある普通のフードコートのような作りになっていて、シンガポールのホーカーにも似ている。席は店の規模にもよるが50〜１００席、正面にはステージがあり、カラオケもできる。食事もできるが大したメニューはなく、男性客は皆ビールを飲んでいる。昼間は売春婦も少なく、飲んでいるだけの客も多い。

だが、夜になると100人以上の売春婦が立ち並び、声を掛けられるのを待つのである。ここでは男性が声を掛けるのが基本らしく、女性はその場でひたすら待機している。なお、料金は100リンギット（＝マレーシア・リンギット、約3000円）だが、交渉次第で80〜50リンギット（2000〜1300円）まで下がるという。交渉成立すれば近くのラブホテルやアパートに向かうというのが一連の流れだ。

フードコートの外から見ると、無言で立っている売春婦の集団は少し異様だ。

一方、男性客の人数はその半分程度。150人近い男女が一言も発さずお互いを品定めする様子は、この国以外で見たことがない。警察の目を欺くために、ここで行われているのは売春ではなく自由恋愛という体裁なので、過度な客引き行為はNGなのだ。

男性客は地元の人間がほとんどで、日本人や欧米人は滅多にいない。日本人や白人には先述したビーチクラブやタイクラブが人気なのだろう。

クアラルンプールの売春食堂。奥には何十人もの売春婦が立つ。

こういう場所に来ると、必ずやってしまうゲームがある。それは「自分は客から声をかけられるか？」というひとり遊びだ。過去にはバンコクのテーメーカフェ、ナナプラザでおこなった。結果はテーメーカフェで惨敗、ナナではレディーボーイとゴーゴーバーの前で「この店の子？」と日本人に声を掛けられる始末。クアラルンプールの売春食堂では果たしてどんな結果に!?

結果は０!!

誰ひとりとも目が合うこともなく、完全にスルーされた。ここの女の子って中華系の子が多くてレベル高いんだよなー（言い訳）。

罰ゲームは……ビール自腹でお支払い!!

……というひとり遊びでである。クソッ、タイクラブでリベンジしよ。

援交クラブでおごられたい！

先ほど書いたクアラルンプールの援交クラブ「ビーチクラブ」と「タイクラブ」。このふたつは似ているようだが少し違う。ふたつとも男性が売春婦に声を掛け、酒を奢った後にホテルに連れ込むのは同じなのだが、店の雰囲気がまったく異なるのだ。

ビーチクラブはおしゃれなクラブという感じで、テラス席もある。売春婦はベトナム人がメインで、音楽はテクノやEDMなど最新のもの。まぁ、誰も音楽なんて聴いてないと思うけど……。

一方、タイクラブはディスコのような内装。音楽はステージで行われるバンド演奏やタイミュージックが流れる。売春婦はタイ人オンリーで、飲んでいるだけのビーチクラブとは違い、皆踊っているのが特徴だ。

女性の相場は双方ともショートタイム250~300リンギット（約7000~8000円）、ロングタイム500~600リンギット（約13000~16000円）、基本的に交渉制となっている。

私は、なぜかこのタイクラブが大好きだった。クアラルンプールに行くと必ず足を運んでしまうのだ。一度、クアラルンプールでイケてるクラブに行ったことがあるが、なぜか物足りなくて、最終的にタイクラブで締めることになった。

タイクラブにはひとつだけ難点があった。酒が高いのだ。というかマレーシア自体、酒が高いのだが……。

例えば、ブギッビンタンと呼ばれるバー街で飲むと、カクテル1杯で35リンギット（約1000円）。タイクラブの入場料はドリンクチケットが1枚ついて40リンギット（約1100円）。チケットがなくなったら、現金で買わなければならない。シンガポールのキャバクラの後で、絶望的に金がなかった私。タイクラブで飲んでいる白人たちがものすごい金持ちに見えてくる。

その時……!! パシッ! 誰かに腕を掴まれた。

横を見ると、ファラン（欧米人）が私の腕を掴んでいる。

「一緒に踊ろうよ!!」

ええ――――ッ!!

何、この少女漫画みたいな展開。少しドキドキしながら、オッサンが飲んでいるウイスキーのボトルを一緒に飲むことにした。オッサンの席を見ると……すでにタイ人女性がいるではないか。

だが、タイ人は私のことなど気にもせず「一緒に踊ろう」と言った。優しい……。

一通り飲んで踊り、満足。タイ人の仕事をジャマしちゃいけねぇなと思い、

「そろそろ帰るね」

と、オッサンに告げた。するとオッサンは、

「Thank you !!」

私の手に何かを握らせたのだ。手を見るとそこには……。

50リンギット（約1300円）。

チップー!! こうして私はオッサンに頭を下げ、タイクラブを後にした。もちろん、この金で次の店で一杯いただきました。タイ系の店なら私は強い!

※2018年2月現在、タイクラブ、ビーチクラブは警察の規制が行われている。遊びに行く際はご注意を!

ベトナム

ダナンは本当に人気観光地なのか？

私がハノイのガールズバーで働いてたこの年、総合旅行サイト「エクスペディア・ジャパン」が発表した「海外急上昇旅行先ランキング」で、ベトナム・ダナンが前年比約4倍の予約数で1位となった。

ベトナム中部に位置するダナンは、ベトナム主要の港湾都市として発展し、近年はビーチリゾートとして人気を集めているという。

このランキングを信じ、ハノイからダナンに行ったわけだが……。結論から言うと全然面白くなかったのである。

ベトナムの行って良かった都市ランキングを付けるのであれば、

第1位　ホーチミン
第2位　ホイアン

第3位　フエ
第4位　ダナン
第5位　ハノイ

海がある分、ハノイよりは上かな。海がなければハノイと同等、もしくはそれ以下！

唯一、良い点をあげるのであれば……ぼったくりは少ない。ベトナムのなかでも屈指の人の良さ。以上！

じゃあ何が不満なのかというと、とにかく不便。まず両替所が少ない。ベトナムの現地通貨はベトナムドン。最近はUSドルも使えるといわれているが、それほどでもない。ハノイですら観光客の多いエリアでしか使えなかった。

ダナンではドンをほとんど持っていなく、両替所を探したのだがほとんど見つからなかった。ちなみに宝石店では両替ができるのだが、街中に少ない&夜閉まっている。日本から来る際は、空港で円からUSドルに両替して街中で必要に合わせてドンに両替すると良いだろう。ちなみに余ったドンはドルに両替できないので、使い切ることをオススメします。

次に不便だったのは、街中に薬局やスーパーが少なすぎること。日用品を買うのに、デパートまで行かなければない。ちなみに唯一24時間営業しているのは韓国系のコンビニのみ。これまた超少ない。ダナンも22時過ぎるとハノイ同様、ほぼ店が閉まってしまうのだ。リゾート地なんだから、もう少し頑張ってくれよ……。

そして、期待していた海は……。キレイな海が見たければ、早朝の「ノンヌオック・ビーチ」がオススメです。メインビーチから離れている開発が進んでないビーチで、特に朝の透明度は高い。ちなみにメインビーチの「ミーケ・ビーチ」は午後に行くと、観光客でイモ洗い状態。江ノ島の花火大会思い出したわ(白目)。人が多すぎて海水も茶色くなっていた。

イモ洗い状態のダナンのミーケビーチ。昼間開いている店が少ないダナンではビーチに行くぐらいしかやることがない。

ダナンには日本の企業も多く進出しており、出張に行く日本人も多い。出張客に「ダナンの夜はどこで遊ぶの?」と問いかけてみると「カジノ一択!」という答えが返ってきた。

もし私が、昼間にしか行動しなくて、女友だちや彼氏とビーチリゾートホテルに泊まって、ホテルでカジノやエステを満喫するのであれば、さぞかしダナンは楽しかっただろう。結局、私は夜遊びがしたいのだ。

旅のおわりに

ホイアンで癒される

ダナンで散々文句を垂れた後、ホイアンにやってきた。ダナンからバスで1時間弱で行ける港町ホイアン。その街並みは世界文化遺産にも登録されている。ダナンでガッカリした後だし、ホイアンまでショボかったらどうしよう……なんて考えていが、完全にナメていた。

ホイアン、マジ最高!!

決して夜遊びができる街ではない。どこも22時過ぎれば閉まってしまうのだが……。街の雰囲気がめちゃくちゃ良い！

ホイアン名物の色鮮やかなランタンも、黄色で統一された建物も、売られている雑貨も服も、街の中央を流れるトゥボン川も、そこから眺める景色も……すべてカワイイ！　キレイ！　美しい！　どこを撮っても絵になるのだ。普段、記録用でしか写真を撮らない私が写真を撮りまくってた。

そして、この非現実的な街の中にいることがすごく楽しい。ベトナムでこんなに美しい景色を見たことがあっただろうか。

夜の河川敷に座り、ホイアンの街を眺める。川には灯篭が流れ、すぐ側では屋台で売っているランタンが光る。青くなった空の下で、川の対面にはオレンジ色の灯りが燈りはじめる。

こういう街に来るといつも思うことがある。

今までの人生、「何か面白いことないかな」と日本を飛び出し、「日本つまんねー」とタイに住み、「面白そうだからアジアのキャバクラで働こう」と行動してきた。常に退屈で退屈で仕方なく、面白いことだけを求めて動いてきた。

ホイアンのように美しい街並みの中にいると満たされる。だが、ここを離れたらふたたび退屈で仕方ない日常に戻るのだ。「何か面白いことないかな」とつぶやいて。

きっと私の人生は、そういうことの繰り返しなのだろう。

空にはすべてを飲み込みそうな美しい月が満ちていた。


「日本に帰ろう」

そうつぶやいて立ち上がった。

古都ホイアン。黄色で統一された店が美しい。

帰国後

数日後、私は日本に戻った。

キャバ嬢はアジアのキャバクラ旅を持って一旦、休業にした。今は、昔からやりたかったライターの仕事に就き、自分が経験した夜の世界の人脈やネタを生かした原稿を書いている。

実はタイに行く前から、旅系のライターさんたちとの繋がりを作っていた。何年か前に、その繋がりの人々とバンコクで飲み会をしたことがある。大人しそうな人、変態たちが集まる中で、ひときわイケイケな雰囲気を醸し出す男がいた。後に「クレイジージャーニー」に出演する丸山ゴンザレス氏だ。

アジアのキャバクラから帰った後、丸山氏にこの一連の話をしたところ、ド素人の私に代わって出版社と話をつけてくれた。初対面の通りイケイケでコワモテではあるが、意外と頼りになる人である。そして、この本を出すに至ったというわけなのだ。

＊＊＊

アジアのキャバクラで働いてわかったこと。

少なくとも「海外で働いている自分、カッケー！」という気持ちにはなれなかった。

はじめはそういう憧れもあって日本を飛び出した。だが結局、キャバクラで働いている自分に、どこか現実逃避というか後ろめたい気持ちがあったのだ。

アジアのキャバ嬢のなかには、私よりも多くの国に行っている子もいる。アジアだけでなく、ハワイやNYのキャバクラも回っていると言っていた彼女の口癖を思い出す。

「海外で何かやりたいことを探してるわけではない。でも、日本では働きたくはない」

アラサー、海外キャバ嬢。日本で働けるスキルも職歴もない、というのが彼女の言い分だ。だが、海外に出ても職に就けるわけではない。私がそうだったように、日本を出ただけでは人はそう簡単には変われない。日本で働く以上に海外で仕事に就くということは困難で、厳しい。そして、彼女もそれに気づいていた。

アジアのキャバクラで9か月近く働いたが、結局私は変われなかった。だが、海外キャバクラの経験を通して、今こうして書いていることは、六本木や歌舞伎町でチャームの豆を食べすぎて怒られていた頃に比べると、少しは成長しているのかもしれない。

なりたい自分なんて今もわからない。それでも私は探し続けるのだろう。

「面白いことないかな」と何かを探す人生が、きっと自分には向いているのだから。

底辺《ていへん》キャバ嬢《じょう》、アジアでナンバー1になる

2018年4月15日 初版第1刷発行

著　　　　カワノアユミ

ブックデザイン　勝浦悠介
編　集　　圓尾公佑
協　力　　丸山ゴンザレス

発行人　　北畠夏影
発行所　　株式会社イースト・プレス
東京都千代田区神田神保町2-4-7久月神田ビル
TEL:03-5213-4700
FAX:03-5213-4701
http://www.eastpress.co.jp

印刷所　　中央精版印刷株式会社

ISBN978-4-7816-1655-1